Wie tot ist der Liberalismus?

Der Monat, internationale Zeitschrift für Politik und Kultur, 1948 gegründet von Melvin J. Lasky und Hellmut Jaesrich in Berlin, von 1961 bis 1971 weitergeführt von F. R. Allemann, Peter Härtling und Klaus Harpprecht. Seit 1978 unter der Herausgeberschaft von Melvin J. Lasky und Helga Hegewisch.
Redaktion: Dr. Barbara Scharioth

ISSN 0026-9204

CIP-Kurztitelaufnahme der Deutschen Bibliothek
Wie tot ist der Liberalismus? : Nachdenken
über e. Grundprinzip / hrsg. von Melvin J. Lasky. – Weinheim : Beltz, 1983.
(Der Monat ; N.F., 286)
ISBN 3-407-39131-5

NE: Lasky, Melvin J. [Hrsg.]; GT

Der Monat neue Folge erscheint viermal jährlich zum Abonnementspreis von DM 56,– (Einzelpreis DM 18,–); Abbestellungen spätestens 8 Wochen vor Ablauf des Jahresabonnements. Erfolgt keine Abbestellung, verlängert sich das Abonnement automatisch.
Anschrift der Redaktion: Werderstr. 4, 6940 Weinheim

Gesamtherstellung: Beltz Offsetdruck, 6944 Hemsbach über Weinheim
Printed in Germany
Verlag: Julius Beltz GmbH & Co. KG Weinheim. Geschäftsführer der Beltz GmbH: Dr. Manfred Beltz Rübelmann

Politisches Strohfeuer oder ideologische Krise?

Die intellektuellen Schwierigkeiten, in die wir, als wir unser Liberalismusthema auf den Tisch legten, gemeinsam mit unseren Autoren gerieten, waren weder politischer noch philosophischer noch ideologischer Natur. Hochgetrieben, wie das Thema nun einmal war durch die gerade wütende Bonner Regierungskrise, verursachten schon die bloßen Anfangsüberlegungen bei der einen Hälfte der *Monat*-Autoren Aufregung, Besorgnis und teilweise fast schon Besessenheit, während sich die andere Hälfte eher verwirrt und in gewisser Weise überfahren fühlte durch die so plötzliche, scheinbare Dringlichkeit des Problems. Die Trennungslinie war, wie so oft, eine geographische.

Innerhalb der Bundesrepublik wurden, als, wegen des Loyalitätswechsels der kleinen F.D.P. ein SPD-Kanzler abtrat und ein Christdemokrat seinen Platz einnahm, ärgerliche und emotional aufgeladene Debatten ausgefochten. Im übrigen Europa und in den USA gaben sich die Beobachter, die mit der deutschen parlamentarischen Szene seit ihren Anfängen unter Adenauer und Heuss vertraut waren, anfangs gelassen und indifferent, doch fühlten auch sie sich schließlich mehr und mehr beunruhigt über die so erstaunlich aufgeputschte öffentliche Meinung in Deutschland.

Der Versuch, den Debatten zu folgen, bedeutet schon fast, sich selbst in emotionalen Motivierungen, die mehr mit der „Dolchstoßlegende“ einer früheren Republik, mit dem „Kulturkampf“ eines anderen Jahrhunderts oder gar mit den Dramen von Hinterlist und Loyalität in den nordischen Sagen eines früheren Zeitalters als mit den simplen gegenwärtigen politischen Fakten zutun hatten, zu verlieren. Unseren Freunden in Paris, London und New York kamen die Deutschen plötzlich arg teutonisch vor, wie sie sich da erbittert und toternst Anklagen von Verrat, Heimtücke und politischer Mordlust an die Köpfe warfen. Denn im Grunde konnte doch solch ein ganz normaler und konventioneller Wechsel in der parlamentarischer Koalitionspolitik, wie er seit mindestens 100 Jahren in der repräsentativen Demokratie wohlbekannt ist, nicht solch eine Explosion auslösen?

Und doch, – als diese *Monat*-

Ausgabe langsam Form annahm, fühlten sich schließlich alle unsere mitarbeitenden Autoren verbunden, wenn nicht gar vereint durch mindestens eine gemeinsame Grundhaltung: Wenn die Deutschen meinen, daß sich die Grundstabilität ihres vielbewunderten jungen parlamentarischen Regimes in irgendeiner Gefahr befindet, dann ist es unser aller Aufgabe, uns ernsthaft Gedanken zu machen über die nationalen und internationalen Implikationen solch einer ideologischen Krise der Parteienpolitik.

Der *Machtwechsel* ist das Thema eines gewichtigen historischen Werkes, das Arnulf Baring vor einem Jahr vorlegte. Heute müßte man sorgenvoll konstatieren, – Baring schreibt hierüber in seinem Beitrag zu dieser *Monat*-Ausgabe – daß niemand zuvor für den nächsten Machtwechsel, mit dem sich die Bundesrepublik konfrontiert sehen würde, eine derart befremdliche Gemütsverwirrung habe erwarten können. Wie groß ist die Gefahr, wie dauernd der Schaden?

Wenn einige deutsche Analysen behaupten, daß Bonns politische Stabilität nie wieder die alte sein wird, so sehen andere derlei verzweifelte Leben-und-Tod-Manöver schlecht geführter, zufällig organisierter, kleiner dritter Parteien in einer historischen und darum kühleren, ruhigeren Perspektive.

Wenn einige eruopäische und amerikanische Beobachter überall, wo sich Parteien in einem zunehmend dünnblütigen, parlamentarischen Leben verhärten, ähnliche Entwicklungen notieren (und man ruft sich da den populären Bestseller von anno dazumal, *The Strange Death of Liberal England* ins Gedächtnis ...), so halten sich andere an die Tatsache, daß organisierte Bewegungen stolpern und fallen mögen, daß jedoch Ideen und Weltanschauungen bestehen bleiben, und daß darum der Liberalismus, was auch immer mit der einen oder anderen seiner vergänglichen Organisationen geschehen mag, ein großer, lebendiger, inspirierender Gedankenbau bleibt, ohne den die westliche Tradition von Freiheit und Demokratie nicht denkbar ist.

Es ist also so, daß sich die Diskussion auspendeln muß zwischen dem normalerweise deprimierenden Niveau der Strategien und Taktiken eines politischen Kuhhandels und den sich auf sehr viel höherem Niveau abspielenden Argumenten und Analysen der tatsächlichen Lebensfähigkeit des Liberalismus im Schatten seiner klassischen Antagonisten, dem Konservatismus und dem Sozialismus. Zwischen beiden Aspekten gibt es, nicht nur wegen der Niveauunterschiede, keine mühelose oder gar leichtfertige Verbindung.

Intellektuelle tendieren immer zu der Annahme, daß stets irgendwelche Ideen oder tiefgreifende historische Gesetze hinter jedem alltäglichen Ereignis als dessen eigentliche Kausalität lauern müssen. Wenn also eine liberale Partei zusammenbricht, dann muß ihre Ideologie oder Philosophie ausgelaugt und ebenso am Ende sein wie die Partei. Wir haben in der Nachkriegszeit viele politische Parteien aufsteigen, vergehen und sich wieder beleben sehen. Der Französische Sozialismus war nahezu von der Bildfläche verschwunden, als Mitterrand seine Streitkräfte sammelte und zu einem neuen Sieg führte. Der amerikanische Konservatismus schien so vergangen wir nur irgend möglich, als er plötzlich zu neuem Leben und neuer Massenfaszination erwachte. Viele Organisationen balancieren am Rande eines tödlichen Auseinanderbrechens ihres rechten und linken Flügels. Die britische Labour Party verliert ihren sozialdemokratischen *right-wing* und klammert sich dennoch an positive Wahlaussichten. Die amerikanische Demokratische Partei neutralisiert ihren 68er *left-wing* und kehrt in den Hauptstrom der US-Politik zurück. Konservative überall sind tief gespalten durch die Gruppierungen der *wets* und der *dries*. Dies alles sind nur weitere Beweise für den fundamentalen Bruch, der sich durch die gegenwärtigen politischen Grundhaltungen zieht, mit den *new ways* einerseits, die zuviele Werte der alten Ordnung zerstören, und den *old ways* andererseits, die sich schwertun mit dem Fortschrittsglauben und der Dynamik, der sich die westlichen Gesellschaften inzwischen verschrieben haben.

Wahrscheinlich ist es kein Zufall, daß letzlich wieder die geographische Trennungslinie – vergleichbar anderen ähnlichen Trennungslinien in unserer letzten *Monat*-Ausgabe, die sich mit Nahost beschäftigte – entscheidend sind. Die Deutschen bleiben verwirrt, aufgeregt, auch pessimistisch. Die Westeuropäer und Amerikaner bleiben hoffnungsvoller, abwägender. Wieder einmal ist davor zu warnen, sich seiner Beweggründe allzu sicher zu sein. Sind die Deutschen wirklich solch unheimliche „Spenglerianer“, wie Günter Maschke in diesem *Monat* in seinen Untergangs-trächtigen Überlegungen sehen will, oder tragen sie mal wieder ihre nationalen Scheuklappen und reagieren schlichtweg provinziell? Und schlägt bei den Angelsachsen nur gerade wieder einmal mit vertrautem Klang der Gong für eine weitere Runde in ihrem ewigen „liberalen“ Optimismus?

Was auch immer das endgültige Schicksal der einzelnen politischen Parteien sein mag, ihrer Organisationen, Ziele, Programme und Ideen, eines ist vollkommen klar: Die Debatte über den Liberalismus und die liberale Geisteshaltung selbst ist alles andere als tot.

M.J.L.

Wie tot ist der Liberalismus?

Nachdenken über ein Grundprinzip

Inhalt

Inhalt

Die amerikanische Debatte 3

Rückblick nach vorn 4

Zur deutschen Krise

Arnulf Baring: **Wechsel, Verrat und Mordlust.** Blick auf Bonn / Michael Naumann: **Mindestens zwölf Thesen** zum fortwährenden Ende des löblichen Liberalismus oder Eine Ode an den bürgerlichen Heroismus / Daniel Koerfer: **Der schwierige Wechsel.** Zwischen Pathos und Politik / Erwin K. Scheuch: **Zerbröseln oder Wiedergeburt?** Zur Entwicklung liberaler Gruppierungen in Deutschland / Günter Verheugen: **Kein Monopol für den Liberalismus.** Gedanken zum Parteienwechsel

Arnulf Baring

Wechsel, Verrat und Mordlust

Blick auf Bonn

Der unvermeidliche, überfällige Kurswechsel der Freien Demokraten im Herbst und die seit September verantwortungslos-töricht herbeigeredeten Bundestags-Neuwahlen werfen für uns alle Fragen auf, die uns noch lange beschäftigen werden. Wenigstens einigen von ihnen sollten wir Minuten nüchternen Nachdenkens widmen.

Fangen wir mit den Liberalen selbst an, ihrem gegenwärtigen Mitglieder- und Wählerschwund. Es gehen immer die Falschen fort, heute die Linken, bei der Begründung des sozialliberalen Bündnisses vor 13 Jahren die Rechten. Als die FDP 1969 nach links hin koalierte, liefen ihre konservativen Stammwähler in hellen Scharen davon, wechselten zur Union über, weil sie hofften, dort wirksamen Schutz zu finden vor den sozialistischen Umgestaltungsplänen, die sie bei den Sozialdemokraten befürchteten. Welcher Kalkulationsirrtum, welches Fehlurteil! Denn die Union, Opposition geworden, konnte ihnen nicht helfen. Gerade zu jener Zeit hätten alle energischen Verfechter einer reinen Marktwirtschaft umgekehrt aus einer machtlos gewordenen CDU/CSU in Massen zur FDP überwechseln müssen. Denn sie war es, die die Union beerbte, ihre Politik aus den vorangegangenen Jahren in dem Maße fortsetzte, das für die SPD akzeptabel war. Von allem Anfang an machten die Liberalen deutlich, daß sie keinesfalls bereit waren, alle Vorstellungen der SPD zu übernehmen.

Das gilt auch heute, gilt auch gegenüber der Union. Gerade weil sie so klein ist, muß sich die FDP immer um ihr eigenes Profil sorgen, muß sich gegenüber einem großen Bündnispartner abgrenzen und daher in die Richtung lehnen, die von der seinen abweicht, ja ihr entgegengesetzt ist. Das hieß nach 1969: die Marktwirtschaft verteidigen, Reformen in aller Regel bremsen. Künftig wird es umgekehrt bedeuten, daß sich die FDP nach links profilieren wird. Lambsdorff war unentbehrlich in der Koalition mit den Sozialdemokraten, ein Felsen in der Brandung. Aber heute? Wenn alle bekannteren Unionspolitiker rückhaltlos auf die freien Marktkräfte setzen, eignet sich seine Position zur Herausarbeitung eines unverwechselbaren FDP-Profils nicht. Dann müssen linke Positionen behauptet werden. Die Liberalen werden in der neuen Umgebung nur dann Gewicht haben, wenn sie die Erben des sozial-liberalen Bündnisses sind, auch diesmal der Kontinuität Rechnung tragen und die bisherige Politik fortsetzen, wo sie vernünftig und zeitgemäß ist. Die FDP ist nun einmal *die* Partei an der Macht, ist die Verkörperung von Wandel *und* Stabilität, hat ihre rechts- wie linksliberalen Traditionen, die beide ihre Berechtigung haben, die sie beide zu bewahren suchen muß.

Mir scheint also, daß diejenigen, die innerlich am SPD/FDP-Bündnis festhalten, heute die liberale Partei kräftig stützen müssen statt ihr den Rücken zu kehren. Denn, wie gesagt, die FDP kann heute gar nichts anderes tun als sich das Erbe der Jahre 1969 bis 1982 anzueignen, um in der neuen Koalition eigenes Gewicht zu behalten, das eigene Gesicht deutlich von dem der Union abzuheben.

Man kann es nicht oft genug wiederholen: Diese kleine Partei hat eine große, unersetzliche, für unser Parteiensystem wesentliche Aufgabe: den Wechsel, den Wandel, immer wieder möglich zu machen – mal zur SPD, also nach links hin, dann wieder nach rechts, zur Union –, um ihn dann, wenn er stattgefunden hat, zu verlangsamen, zu bremsen. Aus ihrem Selbstverständnis als Korrektiv heraus ist die FDP unser Garant gegen alle Extremismen –

mal gegen die Jusos, dann wieder gegen Franz Josef Strauß. „Genscher oder Strauß?“ Auf diese Alternative wird sich, realistisch betrachtet, die Frage an die Wähler konzentrieren. Gerade diejenigen, die heute der FDP und besonders Genscher alles Mögliche übelnehmen, sollten sich vor dem Wahltag diese personelle Konstellation nüchtern vor Augen führen.

Mordlust ist meist verständlich, aber ebenso häufig töricht. Denn wer weiß, ob man den oder die Ermordeten vielleicht noch braucht, nach gelungener Tat reumütig aus der Erde kratzen möchte. Natürlich kann man verstehen (aber nicht billigen), daß die Union in den 50er und 60er Jahren ebenso oft über die Liberalen erbittert war wie die Sozialdemokraten in den 70er und 80er Jahren. Hier wie dort sammelten sich begreiflicherweise Ressentiments an gegen diese wankelmütigen Zwerge, auf die man dennoch angewiesen war, ist und hoffentlich bleibt, um Regierungen zu bilden und an der Macht zu halten. Beide großen Parteien wollten nicht sehen, daß sie ohne die mäßigenden Einflüsse der FDP viel rascher gescheitert wären. Wenige im Lande erkannten, welche Katastrophe, bei unserer Neigung zur Maßlosigkeit und Hysterie, absolute Mehrheiten einer der beiden Großen wären. Aber davon ganz abgesehen: Wie sagte doch schon Gerhard Schröder, der frühere Innen-, Außen-, Verteidigungsminister, einer der erfahrensten Politiker der Union, als die eigenen Leute gemeinsam mit den Sozialdemokraten während der Großen Koalition durch die Einführung des Mehrheitswahlrechts die kleine FDP hinzurichten gedachten? „Wir können doch nicht die Teller aus dem Fenster werfen, von denen wir künftig essen wollen!“ Insofern war die rachsüchtige Entschlossenheit Kiesingers vom Oktober 1969, die FDP aus den Landtagen „hinauszukatapultieren“, ebenso kurzsichtig wie die Aufforderung Schmidts 13 Jahre später, die Liberalen „wegzuharken“.

Vom politischen Profil, vom Führungspotential, von der Statur und Erfahrung ihrer Politiker her sind die Liberalen, im Verhältnis zur Größe ihrer Partei, ungleich bedeutsamer für unser Land als SPD und Union. Auch insofern ist die FDP ganz zu Recht eine

Partei geworden, geblieben, ohne die Regierungen bei uns eigentlich nicht gebildet werden können, jedenfalls nicht gebildet werden sollten. Welche Torheit zu glauben, die Grünen könnten heute oder morgen den Platz einnehmen, den die Liberalen heute ausfüllen! Die Grünen, deren *Motive* ich verstehe, oft billige, sind vorab und sicher noch eine zeitlang zwar eine anregende Stimmung, eine vielstimmige Bewegung – aber keine Partei. Ob sie je eine wirkliche Organisation besitzen werden, mit festem Umriß, klarer Führung und konkreten Zielen, bleibt abzuwarten. Es wäre leichtsinnig, verantwortungslos, wenn man gerade ihnen schon jetzt eine bundespolitisch ausschlaggebende Rolle zuschieben wollte, auf die sie heute in überhaupt keiner Weise vorbereitet sind.

Die Risiken einer solchen Lage wären ebenso groß wie die absolute Mehrheit der Union mit einer maßgeblichen Rolle von Franz Josef Strauß; man weiß nicht, welches dieser beiden denkbaren Wahlergebnisse man eigentlich mehr fürchten soll. Das Konflikt- und Irritationspotential unseres bayrischen Klabautermanns, dieses Rumpelstilzchens der westdeutschen Politik seit mehr als einem Vierteljahrhundert, würde die fällige Konsolidierung, den sanften Konservatismus, auf den die Mehrheit des Landes an sich gestimmt ist, empfindlich behindern, wenn nicht vereiteln. Denn Strauß zwingt uns alle, die Uraltkonflikte, die sich nicht von ungefähr an seinen Namen heften, die Affären, Händel, Machenschaften, die ihm immer wieder nachgesagt werden, auszugraben, aufzuwärmen, zur Abwehr seiner Führungsansprüche geltend zu machen.Strauß würde uns daher, einmal in Bonn, was immer seine Absichten sind, aufgrund seiner ganzen Persönlichkeit gestrige Querelen und Kämpfe zurückbringen, wo es doch in Wahrheit darum geht, mit der Unterstützung einer möglichst breiten Mehrheit die schwierigen Probleme von heute und morgen vernünftig und friedfertig miteinander anzupacken. Strauß würde durch die pure Präsenz seiner schillernden, polarisierenden Persönlichkeit die dringend nötige Einigkeit in der Mitte des politischen Feldes erschweren, zerstören. Dieser begabte, aber undisziplinierte, undisziplinierbare, außerdem von Freund und Feind oft überschätzte Winkelried ist ein Unglück, eine langwirkende, letztendlich immer destruktive Kraft in unserem Lande und auch in seiner eigenen Partei, der Union.

Womit wir bei den fatalen Neuwahlen wären. Allmählich spricht sich allgemein herum, wem wir diese folgenreiche Kater-Idee zu verdanken haben: Helmut Schmidt und Franz Josef Strauß, die ja ohnehin nicht ohne Ähnlichkeiten miteinander, nicht ohne Sympathien füreinander sind. Bei beiden spielte kurzsichtige Rachsucht gegenüber der FDP, die ihrer beider Machtteilhabe – 1962 bei Strauß, 1982 bei Schmidt – ein brüskes Ende setzte, eine beklagenswerte, unproportionierte Rolle. Joachim Boelke hat kürzlich daran erinnert – und seine Darlegungen im *Tagesspiegel* verdienen, hier wiederholt zu werden –, daß es sich bei dieser Entscheidung um das Ergebnis eines doppelten Ränkespiels gehandelt habe, bei dem das, was im Grundgesetz als Sinn und Norm unseres politischen Lebens angelegt ist, überhaupt keine Rolle spielte.

Zunächst hatte Bundeskanzler Schmidt, als er für sich den Zusammenbruch der sozial-liberalen Koalition konstatieren mußte, das Thema Neuwahlen aufgebracht. Ebenso wie jetzt Bundeskanzler Kohl wollte er den Artikel 68 und eine im negativen Ergebnis vorweggenommene Vertrauensabstimmung benutzen, um dem Bundespräsidenten die Auflösung des Parlaments vorzuschlagen. Sein Argument war, daß ein Wechsel des Koalitionspartners, wie ihn die FDP herbeizuführen im Begriffe war, „Verrat“ sei. Eine Koalitionsregierung habe gewissermaßen bis zum Ende einer Legislaturperiode zusammenzubleiben; tue sie das nicht, so sei eine andere Mehrheit jedenfalls „politisch nicht legitimiert“; eine neue Regierungsbildung müsse durch Neuwahlen abgesichert werden. Das war natürlich völlig am Grundgesetz vorbeigedacht, das stets der Bildung einer handlungsfähigen Mehrheit im Parlament, wenn sie möglich ist, den Vorzug gibt. Schmidt wollte damals lediglich aus naheliegenden Gründen als Kanzler, der die Mehrheit verloren hatte, Neuwahlen zu einem für ihn günstigen Zeitpunkt herbeiführen und dem Bundestag die Möglichkeit nehmen, ihn durch konstruktives Mißtrauensvotum aus dem Amt zu bringen. Das wurde damals von CDU und FDP mit Ausnahme von deren linkem Flügel, der sich einem Koalitionswechsel widersetzte, abgelehnt, und man schritt zur Wahl eines anderen Kanzlers.

Aber inzwischen hatte längst ein anderes Ränkespiel eingesetzt. Der CSU-Vorsitzende Strauß konnte zwar die Wahl Kohls zum Kanzler nicht verhindern, aber er wollte keine lange Regierungszeit des neuen CDU-FDP-Bündnisses ohne seine unmittelbare politische Mitwirkung, wovon ihn sein Amt als bayerischer Ministerpräsident ausschloß. Er wollte ebenfalls schnelle Neuwahlen, die ihm den Weg zurück in den Bundestag und möglichst in die neue Regierung öffnen sollten. Aus diesem Grunde machte er die Zustimmung der CSU zum neuen Regierungsbündnis mit der FDP unter Führung Kohls von der Einwilligung in möglichst baldige Neuwahlen abhängig. Kohl sah sich also veranlaßt, ein solches Versprechen abzugeben, und ihm blieb es dann überlassen, den besten Weg dazu ausfindig zu machen, wobei er nun denselben Artikel 68 heranziehen mußte, den auch Schmidt in seinem Interesse einsetzen wollte.

Das ist die ganze und einfache Wahrheit ...

Es wird in den Geschichtsbüchern vermerkt werden, daß sich die Sozialdemokraten, die es aus ihrer leidvollen Geschichte in der Weimarer Republik eigentlich besser wissen müßten, nicht gescheut haben, das ressentimentgeladene Vokabular von *Verrat* und *Dolchstoß* neu zu beleben – als ob sie nicht wüßten, wie wenig diese Begriffe der germanischen Vorzeit, die nibelungenhaften Treuebegriffe aus den Wäldern unseres kollektiven Unbewußten, den Ereignissen und Entwicklungen gerecht werden, die den Kurswechsel 1982 erzwungen haben. Seit Jahren hörte man aus Bonn, daß die Koalition innerlich zerrüttet sei. Wer dort an Fraktionssitzungen der SPD teilgenommen hatte, berichtete entsetzt, daß diese Partei nicht mehr konsensfähig, also nicht länger regierungsfähig sei und daher ihren eigenen Kanzler zunehmend ins Schleudern brachte. Die SPD hat mehr zum Sturz Schmidts beigetragen als die FDP, auf die er sich seit Jahren stützen mußte, deren wirtschaftspolitischen Vorstellungen er oft innerlich zuneigte.

Kaum ein Mensch wird im Moment so verkannt wie Genscher. Die taktischen Fehler, die ihm anzukreiden sind, liegen im Gegenteil dessen, was ihm die meisten vorwerfen. Kein Verräter, kein Schurke – ein Zauderer! Weil dieser vorsichtige Mann (zu) lange schwankte, weil er außerdem hoffte, die wirtschaftliche Entwicklung werde seiner Partei insgesamt, also nicht nur dem rechten Flügel, eines Tages ganz von selbst vor Augen führen, daß es mit den bisherigen Partnern nicht länger gehe, schob er die Entscheidung zum Wechsel vor sich her, statt sie herbeizuzwingen, statt die Situation dramatisch zuzuspitzen, die Schwankenden mitzuziehen, den Sprung ans andere Ufer beherzt zu wagen. Was man bei Genscher beklagen kann, ist der Mangel zielstrebiger Rücksichtslosigkeit, eines kühnen Wagemuts, der den Bruch planmäßig-umsichtig herbeiführt, wenn die bisherige Lage nach der eigenen redlichen Einsicht unhaltbar wird.

Auch Kohl bietet in diesem Herbst 1982 kein erhebendes Bild. Er hätte es darauf ankommen lassen müssen. Notfalls hätte er das konstruktive Mißtrauensvotum auch ohne die Zusage der CSU wagen sollen. Hätte man dann erlebt, daß er genau wie Barzel zehn Jahre früher an fehlenden Stimmen aus dem eigenen Lager scheiterte? Ich glaube kaum. Aber Kohl hatte nicht die Nerven, die man hier braucht. Das wird man sich leider merken müssen. Man möchte nämlich glauben, daß Strauß andernfalls im letzten Augenblick dann doch zurückgewichen wäre und damit Kohl ohne eine Neuwahlzusage den Weg zur Macht geebnet hätte. So aber ist rasch Mehltau auf den Frühling eines neuen Anfangs gefallen. Eine Koalition, zu der gegenwärtig in Deutschland keine bessere Alternative denkbar ist, hat unerhört schwach begonnen. Und vor allem: Sie manipuliert die Verfassung, um ein Ergebnis zu erreichen, das weder Kohl noch Genscher wünschen können. Das läßt nicht auf ruhigen Weitblick, nicht auf besonnene Überlegungen schließen.

Den größten Schaden wird langfristig denn auch das Grundgesetz genommen haben. Eine der wenigen wirklichen Gemeinsamkeiten der heutigen Deutschen ist die allgemeine Überzeugung, mit dieser Verfassung eine allgemein akzeptable, verbindliche Ordnung des politischen Lebens gefunden zu haben. Ich finde den Ausdruck *Verfassungspatriotismus,* den Dolf Sternberger kürzlich geprägt hat, eine glückliche Umschreibung dessen, was wir haben, was wir leben und lehren sollten. Denn kommende Herausforderungen, denen wir entgegengehen, werden wir nur auf einer solchen gemeinsamen Grundlage bestehen können. Das Vertrauen in die Dauerhaftigkeit und Prägekraft der Verfassung ist daher ein kostbares, sorgsam zu hütendes Gut – hätte man denken sollen.

Die verbreitete Empörung anläßlich des konstruktiven Mißtrauensvotums im Herbst war ein Zeichen, daß hier unsere Öffentlichkeit noch etwas zu lernen hat. Offenbar war noch nicht allenthalben gegenwärtig, wie sich bei dieser Gelegenheit herausstellte, daß dieses konstruktive Votum nun einmal die Art und Weise ist, auf die innerhalb einer Legislaturperiode bei uns die Neubildung einer Regierung verfassungsmäßig zu bewerkstelligen ist. So lange es im Bundestag eine regierungsfähige Mehrheit gibt, sagt das Grundgesetz, muß sie auch regieren! Stattdessen haben sich die Politiker den Unverständnis in der Bevölkerung gebeugt und sich zu einer Operation entschlossen, die im himmelschreienden Widerspruch zum Text und Geist der Verfassung steht.

Auch heute, gerade heute, in diesem leicht erregbaren Volke, das in Krisensituationen oder in Zeiten emotionaler Aufwallungen zu kuriosem Wahlverhalten neigen mag, scheint es mir eine richtige Einschätzung der Gefahren und damit eine nach wie vor richtige Entscheidung der Verfassung, dem Parlament in solchen Lagen des Wandels und Machtwechsels ein ruhiges, verantwortungsbewußtes Reagieren eher zuzutrauen als dem Mann auf der Straße. Ebenso richtig war es und ist es, Anwandlungen mutloser oder taktisch motivierter Selbtsabdankung in den Reihen der Bundestagsabgeordneten einen Riegel vorzuschieben und dem Bundestag das Recht der Selbstauflösung zu verweigern.

Wir werden nur als parlamentarische Demokratie überleben: als eine Demokratie, in der das Parlament und die von ihm getragene Regierung auch wirklich führt, wirklich die Verantwortung auf sich nimmt. Demgegenüber kann das Argument, die Mehrheit der Abgeordneten oder der Bürger wolle diese Neuwahl im Frühjahr, nur geringes Gewicht haben, selbst wenn es nachzuweisen sein sollte, was fraglich ist. Denn was wir alle wollen dürfen, bestimmt die Verfassung, die unsere Väter uns und den künftigen Generationen gegeben haben. Sie darf nur zwingenden, langfristigen Notwendigkeiten behutsam angepaßt, darf nicht unter aktuellen, punktuellen Gesichtspunkten geändert oder gar manipuliert werden.

Doch genau dies ist geschehen. Man wird Neuwahlen haben, die eine problematischere Zusammensetzung des Bundestages ergeben werden als die, die wir heute haben. Diese unzulässigen Neuwahlen können daher leicht eine Situation herbeiführen, die unsere politischen Schwierigkeiten erhöht, statt sie zu beseitigen. Der Schaden wird noch ungleich größer dadurch, daß sich ein Verfassungs-Zynismus, besonders in der Jugend, begreiflicherweise auszubreiten beginnt. In diesen Monaten ist, unter Mitwirkung aller Parteien, ohne halbwegs zureichenden Grund, vieles ins Rutschen gekommen. Schlimm. Man muß wohl trübe in unsere demokratische Zukunft blicken.

Michael Naumann

Mindestens zwölf Thesen zum fortwährenden Ende des löblichen Liberalismus

oder

Eine Ode an den bürgerlichen Heroismus

Erstens: *Freiheit, Gerechtigkeit, nationale Souveränität, Fairness und soziale Durchlässigkeit der Gesellschaft – das sind die klassischen Tugenden des Liberalismus. Doch weil die Liberalen Europas es im vergangenen Jahrhundert versäumten, sich auf die Hierarchie solcher Tugenden – die sie fälschlicherweise „Werte" nannten – zu einigen, gleicht der politische Liberalimus unserer Zeit einem Leuchtturm außer Betrieb. Er ist ziemlich überflüssig im Zeitalter von Radar, selbst wenn er leuchtete; doch als Touristenattraktion bleibt er ungemein nützlich.*

*

Zweitens: *Die Unfähigkeit, sich auf eine Tugendhierarchie zu einigen, gilt den letzten Liberalen noch heute als Ausdruck ihrer feinsten, wenn auch heimlichen Haupttugend, der Toleranz. Weil indes Gerechtigkeit keine Ungerechtigkeit, weil Freiheit keine Unfreiheit, weil Fairness keine Unfairness tolerieren können, denn sonst wären sie keine, muß jene Haupttugend heimlich bleiben wie ein unveröffentlichbares Laster. Toleranz ist die Bequemlichkeit des Liberalismus, eine treue Konkubine.*

*

Drittens: *Der Liberalismus konnte es sich bequem machen in allen möglichen Regierungs- und Koalitionsformen, weil er, wie einst das Urchristentum in Erwartung der Parusie, seine gute Laune, seine Toleranz und Friedfertigkeit der meist unausgesprochenen, fröhlichen Apokalyptik verdankte, die sein Geschichtsbild formte. Apokalypse heißt „Enthüllung", und daß die Geschichte eine progressive Enthüllung von immer vernünftigeren Zuständen sei – das war die liberale Grundidee. Im Liberalismus rückt die Menschheit von einer Schulklasse in die nächste vor, bis zum Abitur.*

*

Viertens: *Zweimal hat sich die Menschheit indes die Matura vermasselt in diesem Jahrhundert. Der Liberalismus ist sitzengeblieben in zwei Weltkriegen. Von diesem Unglück hat er sich nicht erholt. Es gibt seinen politischen Manifestationen den bemitleidenswerten Klang des Geprügelten. Liberale sind heutzutage schutzbedürftig wie ihr verflossener Erzfeind von einst, die Kirche. Zwischen Pastoren und Liberalen gibt es keine Unterschiede von Format mehr. Sie sind an sich selbst umgekommen.*

*

Fünftens: *Die intellektuelle Erblast des Liberalismus bindet ihn an die progressivistischen Fraktionen auf der Linken und die nationalen Kräfte auf der Rechten. Liberale können kraft ihrer weltanschaulichen Schizophrenie niemanden „betrügen"; sie können weder „umfallen", noch die Koalition wechseln; denn sie sind die dialektische Manifestation des bürgerlichen Daseins: Sie meinen es immer gut, werden immer mißverstanden, richten sich's immer ein und sind mit einem außerordentlich sensiblen Sinn für das jeweils Mögliche ausgestattet. Zwar ist es ein Geschäftssinn, doch das Geschäft des Liberalismus ist die Therapie der Welt.*

*

Sechstens: *Solche Aufgabenstellung aber ist heroisch: Welterlösung ist immer noch eine Traditionsspur europäischer Vernunftanstrengung; nur hoffnungslose Zyniker gehen davon aus, daß der Welt nicht mehr zu helfen sei. (Für sie gibt es die Zeitschrift „Schöner Wohnen".) Im Liberalismus sind die intellektuellen Traditionen des Abendlandes (dergleichen gibt es ja) verstaut wie in einem Geisterschiff: Es findet keinen Hafen mehr für seine kostbare Fracht und kreuzt kurslos durch die Geschichte.*

*

Siebtens: *Die traditionelle Erscheinungsweise des Liberalismus ist die Diskussion. Ihre utopische Grundannahme ist die Vorstellung, daß alle Menschen nicht nur diskutieren können, sondern auch diskutieren wollen. Diskussionsfähigkeit und -bereitschaft sinken jedoch nicht nur im Bannkreis totalstaatlicher Herrschaft, sondern auch mit der zunehmenden Fülle möglicher Diskussionsergebnisse.*

*

Achtens: *Die Komplexität der Tatsachenfülle, die der informierten Gesellschaft zuhanden ist, legt sich lähmend dem Liberalismus in den Weg. Wer kann, in liberaler Absicht, die 1500 Seiten der „Technischen Anleitung zur Reinhaltung der Luft" lesen, diskutieren und ihre Anwendung im wirklichen Leben überprüfen – ohne nicht gleichzeitig dem liberalen Anliegen der Strafrechtsreform zumindest persönlich Adieu! zu sagen? Der Liberalismus leidet, wie alle anderen Weltanschauungen, an der perfektionierten politischen Arbeitsteilung.*

*

Neuntens: *Der wahre Mensch des Liberalismus ist ein typischer Leitartikel in der ZEIT. Es gibt ihn nicht und doch erscheint er pünktlich jede Woche.*

*

Zehntens: *Wie alle guten Hoffnungen des 19. Jahrhunderts, zielte der Liberalismus auf die Abschaffung von Herrschaft. Daß dies nur über den Umweg der Herrschaftsteilnahme möglich wurde, raubte der Hoffnung zuerst ihre Kindlichkeit. Ein erwachsener Liberalismus ist allerdings überflüssig.*

*

Elftens: *Die großen Liberalen der deutschen Nachkriegszeit hatten entweder für Hitlers Machtergreifung gestimmt, oder sie waren Mitglieder der NSDAP und ihrer Nebenorganisationen. Darüber gab es keine Diskussion.*

*

Zwölftens: *Die kleinen (meist jungen) Liberalen der deutschen Nachkriegszeit waren insofern die großen (meist wahren) Liberalen. Daß sie in allen demokratischen Parteien ihren Platz fanden, ist die eigentliche Signatur der deutschen Geschichte seit 1945 und ein rechtes Wunder.*

*

P.S.: Für alle Widersprüche ist nicht der Autor, sondern der Liberalismus verantwortlich

Daniel Koerfer

Der schwierige Wechsel

Zwischen Pathos und Politik

Die Chancen der F.D.P., ein weiteres Mal Zünglein an der Waage zu spielen, sind gering. Auch die Grünen werden diesen Part nicht übernehmen können. Die Bundesrepublik auf dem Weg zum Zwei-Parteien-Staat?

Ich will nicht Politik. Ich will Sachlichkeit, Ordnung und Anstand", schrieb Thomas Mann in seinen *Betrachtungen eines Unpolitischen* (1918). Noch heute, nach über 60 Jahren, denkt vermutlich ein Großteil der Bevölkerung der Bundesrepublik so. Politik gilt noch immer – und vielleicht gerade jetzt wieder in besonders hohem Maße – als schmutziges Geschäft. Der politische Raum, bis vor kurzem ein blühender, wohlgeordneter Garten, hat sich in eine menschenverschlingende Sumpflandschaft verwandelt, über der eine giftige, übelriechende, die Sinne verwirrende Wolke aus taktischem Denken, persönlichem Ehrgeiz, dem Finassieren kleiner Gruppen lagert. Politischer Umweltschutz tut not: die Grünen in den Bundestag, so lautet die für manchen naheliegende Schlußfolgerung.

Wie konnte es zu dieser Veränderung kommen, was ist geschehen? Spendenaffäre, Finanz- und Wirtschaftskrise sind es nicht. Etwas anderes, etwas in der Geschichte der Bundesrepublik bislang Einmaliges wirkt sich aus. Ein recht populärer sozialdemokratischer Kanzler wurde in der Mitte der Legislaturperiode gestürzt, ein neuer christdemokratischer Kanzler gewählt, dabei die bisherige Regierungspartei in die Opposition und die Oppositionspartei auf die Regierungsbank geschickt. *Deus,* oder besser *Diabolus ex machina?* Die FDP, an der Spitze Genscher!

Obwohl der sozialliberalen Koalition seit 1981, damit schon runde zwölf Monate vor dem tatsächlichen Bruch, in den Medien kaum Überlebenschancen eingeräumt und eine ganze Reihe von sachlichen Gründen (Differenzen auf wirtschafts- und sozialpolitischem Gebiet, den Kanzler isolierende Richtungskämpfe in der SPD) für ein Auseinandergehen genannt wurden, traf der lang erwartete Wechsel, als er von dem überwiegenden Teil der Freien Demokraten tatsächlich vollzogen wurde, kaum auf Zustimmung. Im Gegenteil. Alles vorher Gedachte, Gesagte, Geschriebene war mit einem Schlage wie ausgelöscht. Die Sympathien gehörten allein der SPD, die eine Wendung zur CDU befürwortenden oder mittragenden FDP-Politiker wurden regelrecht verteufelt, zu bösen Buben stilisiert. Der Stabreim *Hallenser, Halloren, Halunken*, den der frühere Regierungssprecher Klaus Bölling in seinem Tagebuch dem SED-Generalsekretär Erich Honecker in den Mund legte, sollte nicht allein den aus Reideburg bei Halle an der Saale stammenden FDP-Vorsitzenden Genscher, sondern den gesamten Kurswechsel diskreditieren. Andere, ähnlich bittere Bemerkungen heizten das Meinungsklima weiter auf, suchten ebenfalls Emotionen zu wecken.

Schon kurz nach dem Bruch der Koalition am 17. September 1982 ließ sich der noch amtierende Bundeskanzler Helmut Schmidt im hessischen Landtagswahlkampf zu der – später allerdings abgeschwächten – Bemerkung hinreißen, die FDP gehöre „weggeharkt". Dieses Wort ließ die Freien Demokraten als eine Art Unkraut erscheinen, das im Parteiengarten ausgerissen, vertilgt werden müsse, auf keinen Fall aber frischen Dünger in Form von Wählerstimmen erhalten dürfe. Mit der damit verbundenen und überaus wirksamen Wahlparole *Verrat in Bonn* gelang es der SPD ja dann auch tatsächlich, ein eigenes, von den Demoskopen vorhergesagtes Wahldebakel in Hessen zu verhindern und statt dessen die FDP dort und wenig später auch aus dem bayrischen Landtag zu werfen; Ministerpräsident Börner (SPD) blieb wenigstens in Wiesbaden geschäftsführend im Amt.

Aber es lag nicht nur an der geschickten Agitation der Sozialdemokraten, am hohen persönlichen Engagement von Helmut Schmidt, daß sich die Lage der FDP, der liberalen Partei in Deutschland, so bedrohlich verschlechterte. Vielmehr scheint es so etwas wie ein „Wechsel-Syndrom" in der Bundesrepublik zu geben, das in besonders ausgeprägter Weise die Freien Demokraten in Mitleidenschaft zieht. Ihm soll in den folgenden Abschnitten nachgespürt werden.

Was zeigt, was lehrt die Geschichte der Bundesrepublik, wenn man sie auf ihre „Wechselfälle" durchmustert?

Zuerst einmal: Stabilität wird groß geschrieben, Bonn ist nicht Rom, Regierungen (Kanzler vor allem) bleiben lange an der Macht, damit auch die Parteien, die sie tragen. „Nur" fünf Kanzler in 33 Jahren, nur zweimal sogar ein Wechsel der Kanzlerpartei (1969 von der CDU zur SPD, 1982 von der SPD zur CDU): Die sozialliberale Koalition regierte länger, als Hitler und das nationalsozialistische Terrorregime in Deutschland herrschten. Verglichen mit der ersten deutschen Republik, mit Weimar, verglichen aber auch mit dem raschen Verschleiß von Politikern und Kabinetten in anderen europäischen Demokratien ein erstaunlicher Befund. Ist vielleicht das Kanzleramt mit leichter Hand, mit frohem Mut und fleißigen Mitarbeitern einfach zu steuern, der Erfolg schon garantiert? Helmut Kohl mag es noch glauben – aber daß zwei seiner Vorgänger, daß Konrad Adenauer und Helmut Schmidt Herzinfarkte in diesem Amt zu überstehen hatten, gibt zu denken.

Nein, der Wähler war's, der, die Erinnerung an Drittes Reich, an Kriegs- und Nachkriegsentbehrungen noch vor Augen und im Gefühl, sein Bedarf an Erschütterungen sei vorerst gedeckt, alle vier Jahre neu befragt, für Stabilität, für lange Amtsperioden sorgte. Der wachsende wirtschaftliche Wohlstand machte ihm die Zustimmung zur Regierung leicht und kann darum auch als ein Kontinuität schaffender Faktor kaum hoch genug veranschlagt werden. Aber vermutlich kam (und kommt) noch ein psychologisches Moment hinzu. Später nämlich, als die Erinnerungen blasser, die Wohnungen und Kühlschränke voller, die zwischenmenschlichen Berührungs- und Stützpunkte dagegen brüchiger geworden waren, verstärkte sich der Wunsch geradezu, zumindest an der Spitze des Staates möge sich nichts ändern. Der Bundeskanzler als Übervater in unserer vaterlosen Gesellschaft? Vielleicht.

Jedenfalls schätzt die Mehrzahl der Wähler es nicht, von den Parteien ein neues Gesicht bei der Wahl vorgesetzt zu bekommen. Der Mann, der im Kanzleramt schon einige Zeit mehr oder (erstaunlicherweise) weniger erfolgreich gearbeitet hat, den zieht sie in aller Regel dem Kandidaten der Opposition vor. Nicht umsonst spricht man ja auch vom „Kanzlerbonus", von „Kanzlerwahlen". Und, so seltsam es klingt, das Volk wählt nicht eigentlich den Kanzler (das tun ohnehin die Abgeordneten), sondern es bestätigt einen Amtsinhaber. Erst ein einziges Mal, 1969, wurde ein Kanzler nach einer Bundestagswahl gezwungen, das Palais Schaumburg zu verlassen. (Kurt Georg Kiesinger war denn auch entsprechend überrascht und sprach in einem ähnlichen Anfall von Rachsucht wie Helmut Schmidt davon, die dafür mitverantwortliche FDP aus den Parlamenten „herauszukatapultieren".) Alle übrigen Kanzlerwechsel fanden in der Mitte der Legislaturperiode, ohne Wählerbefragung statt. Zwei Jahre bis zur nächsten Wahl, das scheint jene magische Frist zu sein, die Regierungsparteien ihrem neuen Mann (und sich selbst) einräumen möchten, damit er bekannt werden, sich durchsetzen, Abwanderungsbewegungen nach dem unvermeidlichen „Wechsel-Schock" auffangen kann.

Schon 1963, beim ersten Kanzlerwechsel war das so, als Konrad Adenauer zu einem Zeitpunkt von der CDU/CSU zum Rücktritt gezwungen wurde, der seinem Nachfolger Ludwig Erhard eben diese zwei Jahre als Vorschuß bis zur Bundestagswahl 1965 einräumte. Die Freien Demokraten spielten schon damals, in diesem für alle Beteiligten mühevollen Ablösungsprozeß eine nicht unwichtige Nebenrolle. Sie rangen Adenauer, den sie eigentlich bereits 1961 abzulösen suchten (wozu ihr Gewicht dann nicht ausreichte, weil die tatkräftige Hilfe von Franz Josef Strauß und Ludwig Erhard entgegen vorher gemachter Zusagen ausblieb, was die FDP zum „Umfall" zwang), immerhin ein vages Rücktrittsversprechen ab, das 1962, nach der *„Spiegel*-Krise" genau terminiert wurde. Und sie erleichterten damit der CDU/CSU den peinvollen „Kanzlermord“ ganz wesentlich.

Auch beim Sturz von Ludwig Erhard, den seine eigenen „Parteifreunde“ herbeisehnten, herbeiführten, übernahmen die Freien Demokraten, die 1965 den Wahlkampf mit der Parole geführt hatten *Wer Erhard will, wählt FDP,* die Funktion des Katalysators. Weil sie, von Profilierungsängsten getrieben, Steuererhöhungen als Mittel zur Haushaltssanierung ablehnten, verließen ihre Minister 1966 die Koalition mit der CDU/CSU. Die Partei ging sogar, von der Dynamik der Entwicklung überrollt, in die Opposition (ein Menetekel, das noch 1982 die FDP-Führung in Angst und Schrecken versetzte). Den Christdemokraten, der lästigen Liberalen längst überdrüssig, war‘s nur recht, den Sozialdemokraten billig. Es kam die Große Koalition – und ihr Kanzler Kiesinger (CDU) verfügte sogar über drei Jahre Zeit, um sich und seiner Partei eine gute Startposition für die Wahlen 1969 zu sichern. Im Wahljahr übertraf seine Popularität die des sozialdemokratischen Herausforderers Willy Brandt denn auch um Längen.

Im Ziel hatten allerdings andere die Nase vorn. Der erste Machtwechsel in der Geschichte der Bundesrepublik kam tatsächlich *nach* einer Bundestagswahl zustande. Aber daß er wirklich vom Wähler gewollt, daß 1969 die sozialliberale Koalition die einzig mögliche Kombination gewesen wäre, läßt sich weiß Gott nicht behaupten. Die FDP, brutal dezimiert, hatte die Fünf-Prozent-Hürde nur knapp übersprungen, sich außerdem erst drei Tage vor der Wahl zu einem Bündnis mir der SPD bereit erklärt. Und die Sozialdemokraten? Sie leisteten sich den Luxus einer klaren Koalitionsaussage gar nicht erst. Konnte man wissen, ob nicht statt der FDP die NPD das Rennen machte? Für diesen Fall galt es, die Union nicht zu verprellen, eine Fortsetzung der Großen Koalition als Ausweg offenzuhalten. Vage Andeutungen, diskrete Hinweise, das war alles. Rein rechnerisch wäre die Mehrheit der FDP mit der CDU/CSU denn auch weit beruhigender gewesen, eine Koalition mit ihr kein Risiko. Riskant aber war der Pakt mit den Sozialdemokraten. Mehr davon weiter unten. Zuerst soll die Reihe der Kanzlerwechsel abgeschlossen werden.

Zufällig oder systembedingt, jedenfalls stürzte auch Willy Brandt, der erste Kanzler der SPD/FDP-Koalition 1974, in der Mitte der Legislaturperiode. Sein Nachfolger Helmut Schmidt führte, gestützt auf den erwähnten „Kanzlerbonus“ und angesichts zweier aus unterschiedlichen Gründen wenig attraktiver Gegenkandidaten (Helmut Kohl und F. J. Strauß: der eine provinziell, der andere charakterlich unausgeglichen und unberechenbar wirkend) die Koalition erfolgreich in zwei Wahlkämpfe – um dann selbst in der Mitte der Legislaturperiode entmachtet zu werden. Unabhängig von allen aktuellen, tagespolitischen Überlegungen und Begründungen, die zum Kanzlersturz und -wechsel führten, wohl immer hat der Blick auf den nächsten Wahltermin ein große, vielleicht ausschlaggebende Bedeutung gehabt.

Das gilt auch für die Freien Demokraten. Sicher, bei der Frage, welche Rolle sie bei diesem Wechselsystem spielen, wird man auf den ersten Blick hin antworten: Gar keine! Die FDP nominiert ja niemals einen eigenen Kanzlerkandidaten und muß abwarten, was SPD, was CDU tun. Betrachtet man die Konstellation jedoch genauer, stellt man fest, daß zwischen den beiden Großparteien und der FDP eine wechselseitige Abhängigkeit besteht. Falls weder die CDU/CSU oder die SPD die absolute Mehrheit erreichen, noch eine Große Koalition bilden – beides in der Bundesrepublik wenig wünschenswerte und singuläre Vorgänge –, müssen sie (bisher) einen Mann nominieren, der mit der Zustimmung der Freien Demokraten rechnen, der mit ihren Stimmen gewählt werden kann. Für die FDP sehr angenehm: Man muß um sie werben. Aber das Verhältnis ist durchaus ambivalent. Denn die Liberalen binden auf der anderen Seite ihr eigenes Geschick in hohem Maße an diesen nicht von ihnen nominierten, aber mitgewählten Kanzler. Der überwiegende Teil ihrer Abgeordneten, Mitglieder und Wähler identifiziert sich mit diesem Kanzler aus einer anderen Partei, ja, mit der Koalitionspartei selbst. Sie gewinnen einen Teil ihrer eigenen liberalen Identität, indem sie etwas ausborgen oder für sich in Anspruch nehmen, was eigentlich nicht wirklich ihnen gehört. Anders und als These formuliert: Die FDP gewinnt nur als Teil in einer Koalition ihre Identität, sie benötigt diese Teilhaberschaft zum Überleben, um als liberales

Korrektiv Einfluß nehmen zu können – und ist dadurch zugleich auch besonders gefährdet.

Denn es liegt auf der Hand, daß diese Umstände der kleinen liberalen Partei große Probleme bereiten können. Schon um eine gewisse Eigenständigkeit zu betonen, ist die Parteiführung gezwungen, partielle Koalitionskonflikte zu inszenieren. Das macht sie zu einem gelegentlich mühsamen Partner. Andererseits – und darum geht es hier ja – ist jede Änderung des Koalitionsverhaltens, jeder politische Partnertausch (trotz permissiver Gesellschaft) auch ohne die „dramatischen" Begleitumstände eines konstruktiven Mißtrauensvotums für die FDP auf jeden Fall, *a priori* mit schwer abschätzbaren Risiken, mit einer massiven Identitätskrise verbunden. Für die Existenz der Partei bedrohliche Verschiebungen in der Wähler- und Mitgliederstruktur müssen einkalkuliert werden, denn beide Gruppierungen sind ja vollkommen auf den alten Bündnispartner fixiert. Eine tiefgreifende Führungskrise, eventuell sogar ein Auswechseln der Parteispitze ist unumgänglich, um nach außen die Kursänderung glaubhaft vertreten zu können. Soviel schein sicher: Die FDP muß das „Wechselbad" fürchten, sie geht eher geschwächt als gestärkt daraus hervor. Das erklärt auch, warum die Freien Demokraten, dem Etikett als „Umfall-Partei" zum Trotz, erst zweimal „ihre" Kanzlerpartei wechselten. In keiner Phase ihrer Geschichte waren die Liberalen in der Bundesrepublik ja auch wirklich koalitionsfähig nach beiden Seiten – obwohl gerade diese ihre Selbständigkeit auffallend häufig betont wurde.

Schon 1969 erwies sich der Entschluß, mit den Sozialdemokraten zusammenzugehen, damit den Beweis für die eigene Offenheit anzutreten, als (wie oben angedeutet) heikel und verwegen. Walter Scheel, der damalige Parteivorsitzende, fand zwar nach kurzer Verunsicherung über Wahlergebnis und Sitzverteilung rasch seine Zuversicht wieder und drängte zum Abschluß mit Willy Brandts SPD – doch die Partei, keineswegs einig und geschlossen, folgte nur zögernd. Streit brach auf. Willy Weyer bemerkte in der Fraktionssitzung zwei Tage nach der Wahl, man solle doch „die Vereinskasse versaufen", mithin die Partei auflösen. Obwohl damals die Vorzeichen für den Wechsel vergleichsweise günstig aussahen – drei Jahre Opposition hatte eine innerparteiliche Umorientierung ermöglicht, einen neuen Vorsitzenden, eben Scheel, etabliert, die Ostpolitik als Hauptthema durchgesetzt, zudem begünstigte die öffentliche Meinung diese neue Koalition – geriet die Partei unvermeidlicherweise in erhebliche Turbulenzen. Altgediente Repräsentanten der FDP, wie Erich Mende, der langjährige Vorsitzende, Heinz Starke, der frühere Minister, Siegfried Zoglmann, der ehemalige stellvertretende FDP-Fraktionsvorsitzende, wechselten zur früheren Kanzler- und Koalitionspartei, zur CDU/CSU. In den ersten Landtagswahlen 1970 gab es katastrophal schlechte Ergebnisse, in Meinungsumfragen sank die FDP nahe an die Fünf-Prozent-Grenze herab, schließlich verlor die Koalition ihre Mehrheit im Bundestag. Scheel bewies gute Nerven, hatte Geduld – und behielt Recht. Die Freien Demokraten erholten sich seit 1972, neue Mitglieder ersetzten die ausgeschiedenen alten, bis zum Ende der 70er Jahre stabilisierten sich die Wahlergebnisse auf einem akzeptablen Level.

Was wäre nun 1982 anders? Warum muß die Partei jetzt eine Kettenreaktion fürchten, an deren Ende der politische Konkurs der Liberalen stehen könnte?

Es war nicht nur der Zeitpunkt, der diesen Wechsel belastet, in den Augen vieler Menschen fragwürdig erscheinen ließ. Vor allem die Tatsache, daß ein Kanzler- und zugleich auch ein Regierungswechsel mit Hilfe des konstruktiven Mißtrauensvotums stattgefunden hat, wirkt abstoßend. Dem Verfahren haftet ein schwer zu definierender *Hautgout* an. Wie kann Mißtrauen konstruktiv umgesetzt werden? Wo Mißtrauen herrscht, da fehlt Vertrauen. Und das fehlt jetzt vor allem gegenüber der FDP. Der alte Koalitionspartner fühlt sich „verraten", der neue CDU/CSU ist – teilweise – skeptisch: Wann wird es ihm so gehen, wie der SPD?

Und der Wähler? Er ist empört, weil die Freien Demokraten ihn gar nicht gefragt haben. Vielen hat sich eingeprägt, was Hildegard Hamm-Brücher (FDP) am 1. Oktober 1982, dem Tag des Kanzlersturzes, sagte:

„(Ich möchte) erklären, daß nach meiner Überzeugung der Weg über das Mißtrauensvotum zwar neue Mehrheiten, aber kein neues Vertrauen in diese Mehrheiten schafft ... Ich finde, daß beide dies nicht verdient haben, Helmut Schmidt, ohne Wählervotum gestürzt zu werden, und Sie, Helmut Kohl, ohne Wählervotum zur Kanzlerschaft zu gelangen. Zweifellos sind die beiden sich bedingenden Vorgänge verfassungskonform. Aber sie haben nach meinem Empfinden doch das Odium des verletzten demokratischen Anstands."

Gerade weil Hildegard Hamm-Brücher als führende Politikerin der FDP so sprach, verstärkte sie noch die Kritik an den Freien Demokraten, die von außen an die Partei herangetragen wurde. Wenn in der FDP selbst viele so dachten, wie sollte dann der Vorwurf des „Verrats" wirksam entkräftet werden können?

Ein Wechsel mittels des in Artikel 67 Grundgesetz vorgesehenen Weges gilt in der Bundesrepublik nicht als demokratisch legitim, als normal und akzeptabel, obwohl 1982 anders als zehn Jahre zuvor niemand an Korruption zu denken braucht. Wir leben in einer repräsentativen Demokratie und haben doch den Anspruch, plebiszitär über einen Regierungswechsel zu entscheiden. Wer soll sich ändern? Unser Bewußtsein? Die Verfassung? Oder vielleicht die FDP deren Spitze für den ganzen Schlamassel verantwortlich ist, weil sie die Wechselbewegung auslöste, ohne jedoch die in keiner Weise verfassungskonformen Neuwahlen eigenständig verhindern zu können.

Die FDP, die „Scharnierpartei", muß nun, wie das Scharnier beim Öffnen einer Tür, die höchsten Belastungen aushalten. Hoffentlich fällt die Tür dabei nicht aus den Angeln. Denn die Liberalen haben es, das kommt erschwerend hinzu, überhaupt nicht verstanden, den Bruch der Koalition eindeutig und einleuchtend zu legitimieren. Die Dramatisierung überließ man anderen – und mußte daher die Rollen übernehmen, die einem zugewiesen wurden.

Der Wähler kann aber den „Wechselkurs" nicht billigen, wenn er die zwingende Notwendigkeit nicht zu erkennen vermag. Dann wird er aufnahmefähig für demagogische Formeln. Konnte Genscher dem nicht Rechnung tragen? Hat er sich nicht an das Beispiel des sogenannten „Jungtürken-Putsches“ von 1956 erinnert? In jenem Jahr im Februar stürzten die Freien Demokraten unter Führung von Erich Mende, Walter Scheel, Wolfgang Döring, Willy Weyer (alles ehemalige Wehrmacht-Offiziere, deshalb in Anlehnung an eine reformfreudige Offiziersgruppe in der Türkei um die Jahrhundertwende „Jungtürken“ genannt) in Nordrhein-Westfalen den CDU-Ministerpräsidenten Karl Arnold. Unter erstmaliger Anwendung des konstruktiven Mißtrauensvotums etablierten sie den Sozialdemokraten Fritz Steinhoff.

Wie reagierte der Wähler? Empört! Er legitimierte bei der Landtagswahl zwei Jahre später diesen Vorgang nicht, sondern machte ihn rückgängig, indem er der CDU zur absoluten Mehrheit verhalf und der FDP eine empfindliche Schlappe zufügte (minus 4,5 Prozent, minus zehn Mandate). Das hing nicht allein damit zusammen, daß Karl Arnold ein populärer Mann gewesen war (außerdem in der Endphase des Wahlkampfes starb), oder daß die Sonne der Sympathie für die Union Konrad Adenauers damals im Zenit stand. Der Wähler begriff die Motive der FDP nicht (Adenauer suchte über die Drohung mit einer Wahlrechtsänderung die Freien Demokraten zur Zustimmung zum Saarstatut zu bewegen – gegen diese Erpressung wehrte man sich), und er hielt das konstruktive Mißtrauensvotum für anrüchig. In der FDP selbst kam es über die ganze Aktion zu einer Spaltung. Ein Ministerflügel blieb unter Adenauer im Kabinett, während die Bundestagsfraktion in die Opposition ging.

Natürlich schürte die CDU, als die beim Wechsel in Düsseldorf benachteiligte Partei, die Ressentiments in der Bevölkerung, verstärkte damit auch die Verwirrung in den Reihen der Freien Demokraten – ging also ganz ähnlich vor, wie die SPD 1982. In der Erklärung des CDU-Bundesvorstandes vom 24. Februar 1956 heißt es u. a.:

„Die FDP-Fraktion des Landtages in Düsseldorf hat den Sturz der Regierung zusammen mit der in der Opposition befindlichen SPD seit geraumer Zeit vorbereitet, obwohl sie selbst an dieser

Regierung beteiligt war ... Diese mit den Grundsätzen von Treu und Glauben und vom politischen Anstand unvereinbare Politik wurde in der Fraktion der FDP nicht zuletzt von solchen Politikern durchgesetzt, deren politische Ziele undurchsichtig sind."

Treu und Glauben, politischer Anstand stehen gegen Heimtücke, undurchsichtige Motive, die Konspiration von Dunkelmännern – das ist der Stoff, aus dem der Teppich der Verratstheorie gewebt wird.

Und der Wähler betritt ihn gerne. In Deutschland hat die eigentümliche Neigung, an Verschwörungen, an finstre Machenschaften zu glauben, eine lange, traurige Tradition. Die negative Wirkung der *Dolchstoß-Legende* für die Weimarer Republik ist bekannt. Nicht die Überlegenheit der gegnerischen Allianz oder etwa die Taktik der Obersten Heeresleitung, sondern der Ausbruck des Umsturzes in der Heimat, hinter der Front wurde für die Niederlage verantwortlich gemacht. Wie schrieb der Feldmarschall und spätere Reichspräsident Hindenburg bereits 1920 in seinen Erinnerungen:

„Wir waren am Ende! Wie Siegfried unter dem hinterlistigen Speerwurf des grimmen Hagen, so stürzte unsere ermattete Front; vergebens hatte sie versucht, aus dem versiegenden Quell der heimatlichen Kraft neues Leben zu trinken" (S. 403).

Eine folgenreiche Verdrehung von Ursache und Wirkung! Natürlich übernahm die Deutschnationale Volkspartei in ihrem Flugblatt für den Reichstagswahlkampf 1920 diese Version und nannte gleich die Schuldigen für die „Zersetzung" hinter den Kampflinien:

„Die Demokraten und Sozialdemokraten haben die Front erdolcht, sie haben damit über unser Volk den Erzbergerschen Schmach-, Hunger- und Mordfrieden gebracht. Unser Elend ist ihr Werk. Gebt die Quittung für den Dolchstoß bei den Wahlen!"

Schon damals brachte diese Agitation Erfolg: Die DNVP ging aus der Reichstagswahl als drittstärkste Partei hervor, die Parteien der

Weimarer Koalition (SPD, DDP, Zentrum) verloren die Mehrheit. Für immer.

Agitation zahlt sich bis heute aus, die jüngsten Erfahrungen belegen das – aber sie bleibt auch gefährlich für die Demokratie, das hat die Vergangenheit zu Genüge bewiesen. Über gegensätzliche Interessen, kontroverse Positionen kann man streiten, verhandeln, einen Konsens suchen – das ist die Aufgabe von Politik –, moralische Kategorien sind dagegen nicht kompromißfähig. Sie dienen der Polarisierung, erleichtern ein simplifizierendes Schwarz-Weiß-Denken.

Helmut Schmidt wird sich denn auch fragen lassen müssen, ob er wirklich gut beraten war, ein Verschwinden der FDP aus der Parteienlandschaft herbeizuwünschen und durch eine bewußte Emotionalisierung seinen Teil dazu beizutragen. Persönliche Verletzungen wiegen schwer, aber sie dürfen nicht den Ausschlag für die Wahl einer solchen „Vergeltungs-Strategie" geben. Gerade wenn man die Anfälligkeit der Deutschen für demagogische Formeln kennt, als (Alt-) Bundeskanzler dem ganzen Staat und nicht einer einzigen Partei verpflichtet ist, sollte man vorsichtiger sein. Wenn, wie anzunehmen, die wirtschaftlichen Schwierigkeiten wachsen, sind hektische, unüberlegte Reaktionen der Wähler sehr wahrscheinlich, der Konsens zwischen den demokratischen Parteien unbedingt erforderlich. Aus kurzsichtigem Augenblicksinteresse heraus hat Helmut Schmidt (im Bündnis mit Franz Josef Strauß) diesen Konsens in Frage gestellt. Warum moralisierende Verketzerung, warum nicht nüchterne Bestandsaufnahme der Leistungen und Defizite, nach langjähriger Zusammenarbeit mit den Freien Demokraten?

Schon 1963 warnte Karl Hermann Flach, übrigens ein energischer Befürworter in den Reihen der FDP für ein Zusammengehen mit den Sozialdemokraten:

„Eine Koalition ist keine Ehe. Sie ist nicht mehr als ein Zweckbündnis von zwei oder mehr Parteien auf Zeit. Dabei kann keine Partei radikale Parolen durchsetzen, weil sie gezwungen ist, sich mit einer anderen zu verständigen. Jede Art von Radikalismus wird in einer Koalition abgeschliffen ... Die FDP ist für ein

Dreiparteiensystem, in dem jeweils zwei Parteien zum Bündnis auf der Grundlage einer Partnerschaft gezwungen werden, während die dritte das Amt der Opposition wahrnimmt.“

Eine Koalition ist tatsächlich keine Ehe. Anders als dort gehört ein Wechsel zum Wesen der Demokratie, ist das politische Zweckbündnis zeitlichen Beschränkungen unterworfen. Nur wenn alle demokratischen Parteien untereinander langfristig koalitionsfähig sind, tatsächlich auch in unterschiedlichen Konstellationen politisch wirken können, läßt sich, davon war Karl Hermann Flach überzeugt und das gilt bis heute, eine dauerhafte Stabilisierung der politischen Verhältnisse erreichen. Das Dreiparteien-System, das sich bis 1961 in der Bundesrepublik herausbildete und seither bei jeder Bundestagswahl bestätigt wurde, hat sich bewährt. Sicher, die FDP ist in einer Schlüsselrolle. Die Freien Demokraten konnten in der Mehrzahl der Regierungsbildungen (Ausnahmen, wie gesagt: Große Koalition, absolute Mehrheit) bestimmen, welche der beiden Großparteien die Regierungsverantwortung übernimmt. Am kritischen Stimmen hat es denn auch nie gefehlt, die der Meinung Ausdruck verliehen, dies wäre ein ungesunder Zustand, die Gedanken des Liberalismus seien entweder verwirklicht oder bei den Volksparteien in den besten Händen, die FDP ohnehin ein traditionell gespaltenes Häuflein tief nationalistischer Wirtschaftskonservativer einerseits und liberaldemokratischer Utopisten andererseits, jedenfalls vollkommen überflüssig. So bemerkte etwa Sebastian Haffner in seinen *Anmerkungen eines Wechselwählers* (1980):

„Die Anomalie dies gegenwärtigen Parteiensystems ist, daß die kleinste Partei, als Zünglein an der Waage, darüber entscheidet, wer in der Bundesrepublik regiert, die SPD oder die CDU/CSU. Das hört sich allerdings schlimmer an als es ist: Denn wie sich die Dinge in den letzten zehn Jahren entwickelt haben, kann die FDP ohne Lebensgefahr aus dem Bündnis mit der SPD nicht mehr heraus. Ihre Macht, den Koalitionspartner zu wechseln, gleicht dem Stich der Biene – schmerzhaft für den Gestochenen, aber tödlich für die Stecherin“(S. 109).

Haffner, der in seinem Essay ein Zweiparteien-System amerikanischer Prägung befürwortet, unterschätzt aber die Vorteile unserer bisherigen Gegebenheiten und achtet zugleich die Leistung der Freien Demokraten gering, die ja auch für den Honig in diesem System sorgen: für den Wechsel (um den Preis, niemals einen eigenen Kanzler stellen zu können). Zugleich ist diese kleine dritte Partei als Koalitionspartner ungemein wertvoll. Sie vergrößert den Handlungsspielraum des Kanzlers, denn mit ihrer Hilfe kann er ihm gefährliche Tendenzen in den eigenen Reihen abblocken. Aber auch neue Ideen werden von ihr schneller aufgegriffen, als es den erstarrten Mammutparteien möglich ist. Insgesamt wirkt sie als ausgleichendes Element, als antreibende und bremsende Kraft – und als solche ist sie ja bislang gewählt worden.

Wer da glaubt, die Grünen könnten jemals diesen Part übernehmen, die Freien Demokraten wirklich ersetzen, der wird sich vermutlich gehörig wundern – und hoffentlich nicht grün ärgern. Ein Ausscheiden der FDP aus dem Bundestag würde jedenfalls eine viel gravierendere Veränderung der politischen Rahmenbedingungen bedeuten, als ein Regierungswechsel von der SPD zur CDU/CSU. Und die Geschichte der Bundesrepublik demonstriert, wie schwierig es ist, einmal aus dem Bundestag herausgefallen, wieder hineinzukommen. Das hat noch keine Partei geschafft. Man kann also nur hoffen, daß das „Wechsel-Syndrom" keine Krankheit zum Tode der Freien Demokraten zur Folge hat.

Erwin K. Scheuch

Zerbröseln oder Wiedergeburt?

Zur Entwicklung liberaler Gruppierungen in der Bundesrepublik

Zur Jahreswende 1982/1983 ist nicht einmal entschieden, wieviele Gruppen in den nächsten Bundestagswahlkampf mit dem Anspruch eingreifen, sie seien *die Liberalen.* Sicher ist nur, daß die F.D.P. als eine von Linksliberalen aufgegebene Partei nun der rechten Mitte (mit rechten Einsprengseln) bei der nächsten Wahl dabei sein wird. Von einer Wiederholung des Erfolgs von 1980 mit 10,6 Prozent der Stimmen in einer Bundestagswahl spricht diese Partei nicht, sondern nur noch vom Überleben knapp jenseits der fünf Prozent, die in der Bundesrepublik für den Einzug ins Parlament notwendig sind. Von 10,6 Prozent auf gegenwärtig etwa drei Prozent in nur zirka zwei Jahren: So schnell geht das heute in der Bundesrepublik; sic transit...

Dabei hatte Ralf Dahrendorf zu Beginn der 70er Jahre eine glorreiche Zukunft mit nahezu 20 Prozent Wähleranteil geschaut. Jetzt kehrt er als neuer Chef der Naumann-Stiftung zu einer Gruppierung heim, die vielleicht nur noch ein Zehntel dieses Wähleranteils erringen könnte.

Die „Progressiven“ in der F.D.P. – eine Schwabing/Chelsea/XVI. Arrondissement Polit-Schickeria – zerstoben in gleich drei Richtungen. So existiert eine linke liberale Partei, deren Vorzeig-

Figur der aus tiefer Vergangenheit zurückgekehrte Borm ist – im besten Alter nach den Maßstäben der chinesischen und sowjetischen Führungscliquen. *Liberale Demokraten* firmiert diese Gruppierung, deren Zukunft nicht existiert. Dann gibt es einen *Bundesverband liberaler Vereinigungen,* der Frau Schuchardt vorzeigen kann, ohne sagen zu können, was er denn ist. Last und least gibt es dann die Springer in Bundestagsmandate der SPD – Matthäus, Verheugen und von Schoeler, die nach den Hoffnungen von Glotz-Brandt etwa ein Prozent frühere F.D.P. Wähler zur SPD bringen sollen. Mit der nächsten Bundestagswahl ist die Nützlichkeit dieser drei Springer verbraucht, haben sie ihre Zukunft hinter sich.

Die Zukunft hinter sich haben auch die in der F.D.P. verbliebenen *Progressiven.* Der frühere Innenminister Baum, der nicht selten die SPD links überholte, unterlag bei der Aufstellung der Listen im Bundesland Nordrhein-Westfalen, wird also im nächsten Bundestag nicht mehr vertreten sein. Falls von der F.D.P. irgendeine Gruppierung überhaupt noch zählt, dann nur die F.D.P., die einen ungeheuren Wahrnehmungsirrtum ihres Chefs Genscher auszuhalten hat. Das Ausschwitzen der *Progressiven* Abgeordneten hat nämlich die Partei keinesfalls gespalten. Nur eine Minderheit von Mitgliedern, welche die Organisation eher belastete, verließ die Organisation, die sich nun wieder als rechte Mitte verstehen könnte.

Das ist dann sicherlich nur ein Teil dessen, was sich im Sinne von Lebensstil und Weltanschauung als *liberal* versteht. Aber das ist ja nichts Neues, daß die F.D.P. nur einen Teil der liberal lebenden oder denkenden Wähler der Bundesrepublik in den Parlamenten repräsentiert. Es gibt heute in der Bundesrepublik sicherlich so viele Menschen wie nie zuvor, die wesentliche Teile der liberalen Auffassungen übernommen haben. Preisfrage: Welcher Teil wird sich von einer als liberal firmierenden Partei vertreten lassen? Es gibt eben keine Krise des Liberalismus, sondern nur eine der liberalen Parteien in vielen Ländern Westeuropas.

Sie ist jetzt besonders akut in der Bundesrepublik, wo die F.D.P. in den letzten beiden Landtagswahlen nicht einmal in die

Nähe der fünf Prozent Wählerstimmen kam, die für Sitze im Parlament notwendig sind. Die Mehrzahl der politischen Beobachter zweifelt, ob das bei den Bundestagswahlen im März 1983 anders sein wird. Gestritten wird, ob dies das Ende der F.D.P. sein wird oder nur eines der vielen Täler in der Nachkriegsgeschichte des politischen Liberalismus. Wenn zwei Jahre reichen, um von zehn Prozent auf unter drei Prozent abzusinken, dann könnte doch auch in zwei Jahren ein Wachstum von drei auf wieder zehn Prozent nicht ausgeschlossen werden. Sicher scheint allerdings, daß es so nicht bleiben kann, wie es jetzt um die F.D.P. steht. Diese Partei dürfte entweder völlig zerbröseln oder wiedergeboren werden. Letzteres hängt kaum von der F.D.P. ab, sondern von den politischen Umständen. Wenn nämlich das bundesdeutsche Parteiensystem ins Rutschen käme, dann gäbe es wieder einen *raison d'ètre* für eine eigene liberale Partei.

In den 70er Jahren hat sich die Mobilität der Wähler in den meisten Demokratien des Westens sehr erhöht. Besonders auffällig waren die exzessiven Mehrheiten bei den amerikanischen Präsidentschaftswahlen für so gegensätzliche Kandidaten wie Nixon, Carter und Reagan. Die soliden Mehrheiten in Frankreich nacheinander für die entgegengesetzten Programme von Giscard und Mitterand zeigen eine ungewohnte Mobilität in einem Land mit ausgeprägten politischen Milieus. In den 70er Jahren hatten in den Niederlanden linksliberale Gruppen plötzliche Wahlerfolge, jetzt gefolgt vom Wachstum einer rechtsliberalen Gruppierung. Die Mitte des Spektrums politischer Einstellungen hat sich verflüssigt.

Grundlage des Parteiensystems in den westlichen Demokratien waren politische Milieus, eine Verbindung von Soziallagen mit weltanschaulichen Elementen. In liberalen Parteien waren solche Gruppierungen kombiniert, die sich gleichzeitig zur bürgerlichen Gesellschaft zugehörig fühlten und in Opposition zu Teilen der dominanten Institutionen. Die sozialen Lagen waren immer ein buntes Gemisch von Gruppierungen, die jenseits der verbindenden Rolle einer regierenden Opposition – mindestens einer die Regierung beeinflussenden Opposition – nicht viel einte. In Deutschland waren dies Landwirte in evangelischen Gebieten, die ziemlich unfreiwillig einem von Preußen dominierten Reich eingegliedert wurden; Kleingewerbetreibende und Bourgeois, die mehr Spielraum fürs Wirtschaften in einer durch-reglementierten Gesellschaft wollten; Teile der erst vor 100 Jahren zahlreich werdenden Angestelltenschaft; Angehörige „geistiger“ Berufe. Die weltanschaulichen Elemente waren für den politischen Liberalismus auch damals bedeutsamer als für die meisten anderen Gruppierungen der Politik, denn in Deutschland besetzte der Liberalimus nie ein ganzes soziales Milieu. Das Selbstverständnis, Träger des Fortschritts zu sein und Bewahrer von Ideen der Aufklärung, war dann besonders wichtig zur Stablisierung als Minderheit in dem jeweiligen Milieu. Die soziale Situation einer Gruppe als Teil der etablierten Gesellschaft, aber doch nicht problemfrei dazugehörig, war für den politischen Liberalismus in Deutschland immer eine notwendige, aber nie eine zureichende Bedingung.

Die Inhalte dessen, was die politische Rolle als oppositionelle Verteidiger der bürgerlichen Gesellschaft kennzeichnete, wurden in den verschiedenen Milieus immer sehr unterschiedlich gedeutet. Gegenüber den Parteigängern der Preußen konnte man großdeutsch-national ziemlich rechts und doch oppositionell sein: Das trennte innerhalb der Großbourgeoisie von der üblichen Ausprägung des Nationalgefühls. Politisch den Liberalen zugeneigte Gewerkschaften wurden plausibel, wenn sie die Zwei-Frontenstellung der Angestellten als Büroarbeiter verteidigten gegen Arbeiterschaft und Betriebsleitung. Die wichtigste einigende Idee des politischen Liberalismus in Deutschland war die Frontstellung gegen das Bündnis von Klerikalen und Ständestaatlern, das weithin – bis in die 50er Jahre dieses Jahrhunderts – die deutsche Innenpolitik beeinflußte und oft beherrschte.

Die Geschichte der liberalen Parteien Deutschlands ist durch fortwährende Parteispaltungen gekennzeichnet. In der Zeit zwischen Paulskirche und dem Ersten Weltkrieg gab es nahezu zwei Dutzend verschiedene Parteien mit dem Anspruch, den politischen Liberalismus zu repräsentieren, und seit 1918 haben es politisch Liberale auf über ein Dutzend Parteien gebracht. Sozialdemokraten und Zentrum sowie dessen Nachfolger hatten in einer

Parteispaltungen der Liberalen vor 1918

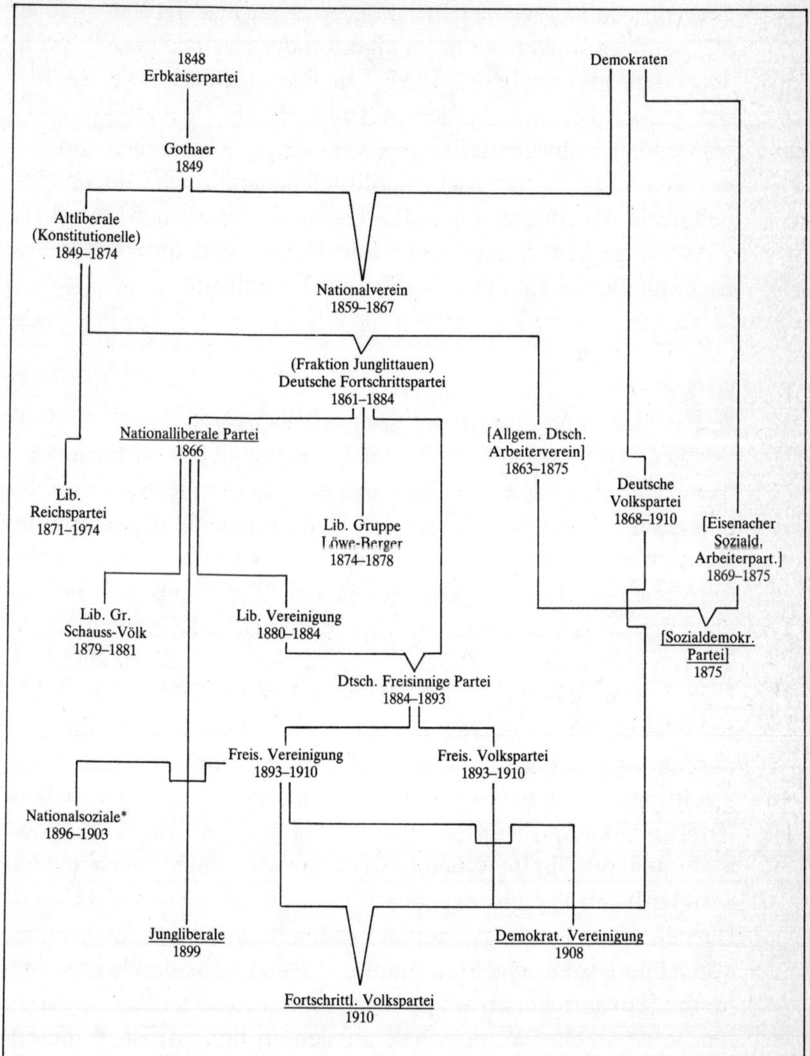

* 1896 aus den jüngeren Christlichsozialen hervorgegangen, also von der Rechten abgezweigt, nicht liberalen Ursprungs, 1903 zur Freisinnigen Vereinigung.

—Unterstreichung bedeutet, daß die Parteien noch heute bestehen.

[ ] Eckige Klammern bedeuten, daß die Parteien nicht zum Liberalismus gehören.

Aus: Arthur Blaustein: Von der Uneinigkeit der Liberalen bei den Reichstagswahlen 1867–1910, München 1911 S. 15

so gegliederten, pluralistischen Gesellschaft wie der Deutschen auch ihre innerparteilichen Kriege, zerbrachen darüber jedoch nie, sondern stießen widerborstige Ränder ab – wie die SPD den Spartakus oder die USPD/DAP. Die liberalen Parteien zerlegten sich jedoch bei Belastungen in Teile entlang ziemlich konstant bleibenden Sollbruchstellen von zwei Arten: Zerbrechen entlang der Trennungslinien zwischen politisch bedeutsamen Milieus vornehmlich bei Interessenkonflikten; und Zerbrechen zwischen „linken“ und „rechten“ Liberalen. Beides sind übrigens keine Eigentümlichkeiten der Liberalen in Deutschland.

Die Grenzen zwischen politischen Milieus sind in den meisten westlichen Demokratien abgeflacht, manchmal verschwunden. Neue Trennungslinien bildeten sich oder sind im Entstehen. Der Gegensatz Stadt-Land, der als kultureller Widerspruch in Deutschland politisch gewaltig aufgeladen wurde, ist ein Beispiel für verschwundene Gegensätze; in der Bundesrepublik wurde eben das Land weitgehend in vordem städtische Kulturbedingungen integriert. Vorbei ist der Gegensatz zwischen Klerikalen und Laizisten, weil inzwischen die Kirchen fast alle Schlachten verloren haben. Konfessionsschule, Scheidungsrecht, Empfängnisverhütung, Abtreibung, Freigabe der Pornographie: Alle diese Streitfragen endeten mit dem Sieg der Position, die von den Kirchen bekämpft wurden. Als sich vor einiger Zeit die Jungdemokraten mit ihrem Oheim Borm auf die Suche nach einem antiklerikalen Thema begaben, da fand sich nichts anderes als das Einziehen der Kirchensteuer *uno actu* mit der Einkommensteuer durch bundesdeutsche Finanzämter. Eine entscheidende Ursache für die Schwierigkeiten der politisch Liberalen in der Bundesrepublik, eine stabile Wählerschaft an sich zu binden, ist in diesen Veränderungen zu sehen. Denn gerade die Trennungslinien, die früher vor allem von Liberalen angesprochen wurden, sind besonders abgeflacht.

In einem Land mit so dichter Umfragerei wie der Bundesrepublik war das selbstverständlich den Liberalen – in der Erschei-

Parteispaltungen der Liberalen nach 1918
(H. Best)

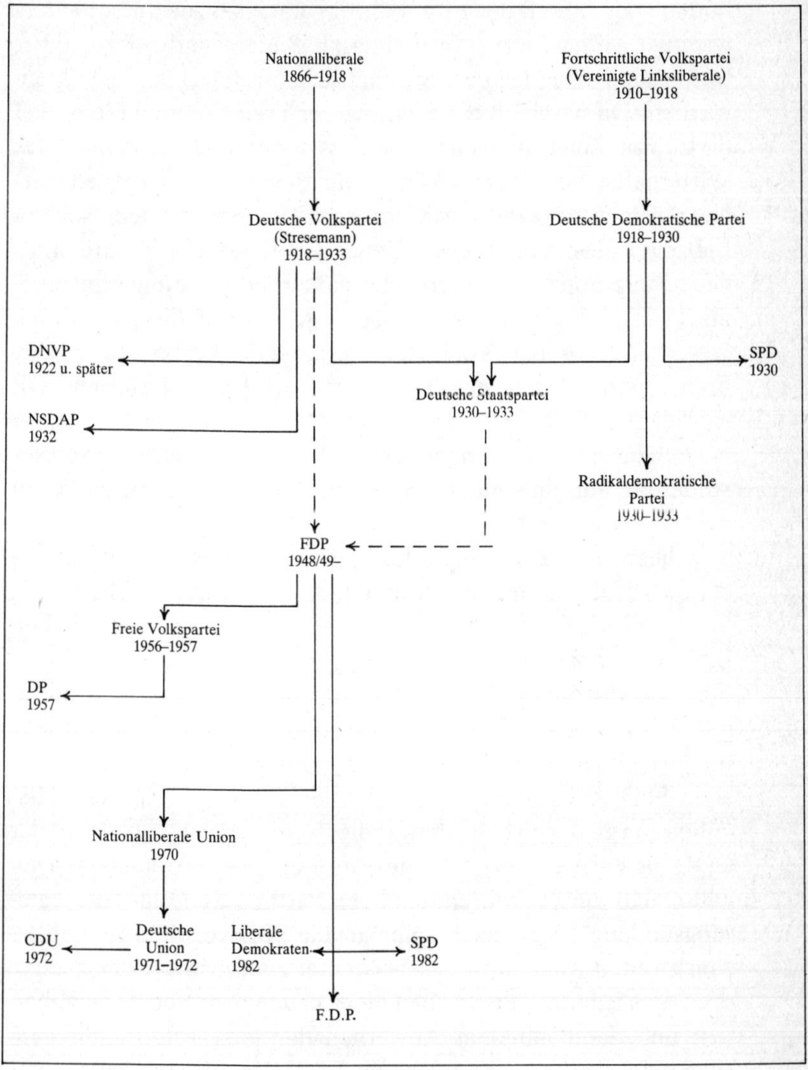

nungsform der damaligen FDP – früher bekannt, bevor dies sich erheblich im Wählerverhalten ausdrückte. Soziologen rechneten in den 60er Jahren der FDP-Führung aus, daß zudem besonders wichtige Milieus wie protestantische Bauern und selbständiger Mittelstand als Folge der wirtschaftlichen Entwicklung sehr klein würden. Da beschloß die Führung der Freien Demokraten, daß diese von einer – auch – Interessenpartei für Gruppen des Wirtschaftslebens zu einer Partei für Bevölkerungsgruppen werden müsse, welche die neue Gesellschaft kennzeichneten. Noch zu Lebzeiten des verstorbenen Generalsekretärs Flach wurden als neue Zielgruppe – ein Begriff der modernen Werbung ürbigens – die sozialen Aufsteiger ausgemacht. Als augenfälliger Ausdruck dieser Zielgruppen-Korrektur verpaßten Werbeberater den Freien Demokraten drei Pünktchen: Aus der bürgerlichen FDP wurde die F.D.P.

Daß diese F.D.P. „linker" als die FDP redete, hatte mit dieser Änderung auf eine andere Weise zu tun, als in der öffentlichen Meinung kommentiert wurde. Mit wirtschaftlichen Argumenten war diese neue Zielgruppe nur allgemein anzusprechen, anders eben als die herkömmliche Klientel. Also nicht mit dem Eintreten für verbilligten Dieseltreibstoff wie bei den protestantischen Bauern, sondern mit der Verteidigung der sozialen Marktwirtschaft. Dafür mußte bei gesellschaftspolitischen Fragen konkreter, differenzierter argumentiert werden, um das fortschrittliche Image bei den sozialen Aufsteigern blank zu halten. An der Seite einer SPD, die sich mit neuen Mitgliedern aus dem Universitätsmilieu zu verjüngen begann, war dies weniger schwierig als mit der CDU als Partner. Das war dann auch eine der Voraussetzungen dafür, daß die SPD ihren damligen Partner CDU in der Regierungsbildung 1969 – nach einer für die SPD verlorenen Wahl! – zum zweiten Male austricksen konnte: zunächst mit der Weigerung, das Bündnisversprechen eines neuen Wahlrechts einzuhalten; und dann mit dem Abwerben der jetzt F.D.P. mit dem gegenteiligen Versprechen, das die Liberalen schonende Proporzwahlrecht beizubehalten.

Fortan glaubte die Führung der F.D.P., das Erfolgsrezept mit einer Umkehrung der bisherigen Akzente der eher rechten FDP gefunden zu haben. Wie die FDP, so war auch die F.D.P. zugleich links und rechts vom Bündnispartner, aber anders links & rechts. Links war man in rechtspolitischen Fragen und sehr links in der Bildungspolitik, ja in allen ordnungspolitischen Fragen, sofern die nicht ans Portemonnaie zu gehen schienen. Und rechts war man in der Wirtschafts- und Finanzpolitik. Und wenn dies noch nicht genug war, half das Versprechen, die F.D.P. werde Franz Josef Strauß ein weiteres Ministeramt in Bonn verwehren (das letzte übte der im Gespann mit und unter Beifall von Helmut Schmidt aus). Das war eine unsicherere Existenz als ein Abstützen auf die herkömmlichen Milieus, zumal die Sozialdemokraten ihrem erstarkten linken Flügel erlaubten, in allen ordnungspolitischen Fragen den Progressiven in der F.D.P. Konkurrenz zu machen. So wurde dann jede Wahl zum Zitterspiel, und in der zweiten Hälfte der 70er Jahre wurde in einigen Fällen bei Länderwahlen auch zu Recht gezittert. Seither geht es in einigen Landtagen bzw. Senaten auch ohne die Repräsentanten der Pünktchen-Partei; hier gewöhnen sich die Wähler an das Zwei-Parteien-System, mit dem die F.D.P. sonst Wähler zu schrecken versucht. Je linker die SPD wurde, um so unsicherer war die Praxis der Führung der Liberalen, mit nach links zu rücken.

Francis G. Castles und Peter Nair (Europäisches Universitäts-Institut, Florenz) befragten Experten in westlichen Demokratien, wo in dem betreffenden Land die sich liberal nennende Partei einzustufen wäre. Hierbei sollten die Experten eine Skala von 0 (= ultra links) bis 10 (= ultra rechts) benutzen. Das Ergebnis 1982:

Norwegen (Venstre)	4,0
Dänemark 1 (Radikale Venstre)	4,8
Großbritannien (Liberal Party)	5,0
Bundesrepublik (F.D.P.)	5,1
Kanada (Liberal Party)	5,3
Schweden (Folkpartiet)	5,5
Finnland (Liberaalinen Kansanpuolue)	5,6
Neu Seeland (Social Credit Political League)	5,6
Italien (Partito Liberale)	5,9

Dänemark 2 (Venstre)	6,7
Niederlande (Volkspartij voor Vrijheid en Demokratie)	7,4
Australien (Liberal Party)	7,5
Belgien 1 (Parti Reformateur Liberal)	7,6
Belgien 2 (Partij voor Frijheid en Vooriutgang)	7,8

(In den Demokratien Frankreich, Irland, Spanien und USA konnte keine politische Gruppierung benannt werden, die speziell den politischen Liberalismus organisierte)

Politischer Liberalismus ist heute durchweg etwas-bis-sehr rechts von der Mitte angesiedelt. Wenn die spannungsvolle Gemeinschaft zwischen linken und rechten Liberalen zerbricht, dann sind die „rechten" Liberalen heute sehr viel erfolgreicher als die „linken" in einer liberal firmierenden Partei. Die Linksdrift der bundesdeutschen F.D.P. war politisch unnötig, und zwar auf zweifache Weise: Links gibt es keine nennenswerten Wählergruppen mehr, die für eine liberale Partei ansprechbar wären; und die Linken in der F.D.P. waren tatsächlich nicht sehr zahlreich.

Die Situation in der Sozialdemokratie, die ebenfalls nach links driftet, dürfte nicht viel anders sein. Und auch die Linken in der Sozialdemokratie sind nur durch geschickte Inszenierungen eine punktuelle Mehrheit. Für beide, die sogenannte Linke der SPD und die vormalige Linke in der F.D.P., gilt gleichermaßen, daß ihre Bedeutung für Wähler und Parteiorganisation durch die Medien maßlos übertrieben wurde. Diese Linke ist ein Medienprodukt, insbesondere ein Produkt der Rundfunk- und Fernsehjournalisten. Erinnert sei hier an die Publizität, die auch die belanglosesten Äußerungen der zum Sprung in Mandate der SPD entschlossenen „Linken" in der F.D.P. erhielten.

Die Führung der F.D.P., allen voran Genscher, hat sich zweifach geirrt, weil sie Zeitströmungen nicht verstand. Sie haben Publizität im Monopol-Rundfunk und Monopol-Fernsehen der Bundesrepublik, darüber hinaus Publizität in allen Medien, verwechselt mit Bedeutsamkeit in der Organisation der Partei. Und allen voran Genscher hat nicht verstanden, welche Sorte Politiker seit Mitte der 50er Jahre in die Parteien hinein wehte.

Nun hatte es die F.D.P., die sich ihre Minderheiten an verschiedenen Orten zusammensuchen mußte, bis daraus mehr als fünf Prozent wurden, schwerer als die beiden großen Volksparteien. Der F.D.P. wurde an den verschiedenen Orten bei ihrer Klientel jeweils unterschiedlich Konkurrenz gemacht – mal von „links", mal von „rechts", mal mit Brot-und-Butter Argumenten, mal mit ideologischen Denkfiguren. Die „sozialen Aufsteiger", die zu dynamischem Wandel bereiten Bürger als zweite Zielgruppe der Zeit, als aus der FDP die F.D.P. wurde, waren eben viel weniger feste Größen als die sozio-politischen Milieus, auf die eine solche Partei sich tatsächlich nicht länger stützen konnte.

Frauen, die die F.D.P. bevorzugen, waschen sich öfter selbst die Haare, probieren gerne fremdländische Fertiggerichte aus, rauchen auf der Straße – so wurde eine der Zielgruppe für F.D.P. Werbung umschrieben, die nun die Stelle der verblassenden sozio-politischen Milieus einnahmen. Diese Kombination von Verhaltensweisen hängt nicht sachlich zusammen, sondern durch Anmutungen, die insgesamt – also in charakteristischer Kombination – eine Lebensweise kennzeichnen, in der neuesten Vorstellung von Werbung für Konsumgüter einen *life style.* Und als eine der Ausdrucksformen für einen, oder bevorzugt mehrere, Lebensstilgruppen sollte das Wählen der F.D.P. werden. F.D.P., weil's befriedigend ist, eine *Insider*-Minderheit zu sein, deren Stimme viel mehr zählt als die der Wähler einer großen Partei? F.D.P. als Ausdruck eines *life styles,* dessen Zugehörige nicht Mercedes, vielleicht noch BMW, bevorzugt aber Audi 80 bis Audi Quattro steuern?

Ob das ein auch in der Politik praktikables Konzept war, werden wir wohl nie erfahren. Nach einem ziemlich konsequenten Beginn mit der Kampagne, das Wählen der F.D.P. bedeute, daß nun alte Zöpfe fallen könnten, wurde diese Art von Zielgruppen-Ansprache nur in verwässerter Form umgesetzt, nach der Bestellung des neuen Generalsekretärs Verheugen sogar bloß unverstanden. Und das hatte einen Grund, den seinerseits das ältere Führungsteam der Freien Demokraten nie verstanden hat.

Verheugen kam stracks von der Studentenpolitik in die Politik für Erwachsene und brachte alle die Vorstellungen mit, die man in der Glasglockenwelt bundesdeutscher Hochschulen als Studentenpolitiker aus Beruf haben muß. Das fiel nicht weiter auf, hatten doch auch andere *Progressive* Nachwuchskräfte, gefördert von Parteichef Genscher, die gleiche Biographie – wie etwa die basisdemokratische Studentenpolitikerin Matthäus, oder Studentenpolitiker von Schoeler. Alle drei Progressiven, von denen die Matthäus im Hochschulmilieu noch gegen die Verselbständigung der Mandate gewettert hatten, hatten dann später keine Schwierigkeiten, sich vor dem Übertritt zum vormaligen politischen Gegner Sozialdemokratie von der SPD-Spitze sich freihändig verteilte Sitze im späteren Bundestag auszubedingen. Eine heute konsequente Karriere, begonnen mit finanziell gepolsterten Funktionen in der Studentenpolitik, über eine Hätschelperiode durch Parteiführungen, die damit ihre linken Flügel durch Belohnung von Symbolfiguren an die Partei binden wollen, bis zum Staatssekretäramt und/oder Bundestagsmandat mit – unter dem Strich – monatlich zirka 20000 Mark.

Dies ist hier nicht des – übrigens angebrachten – Tadels ob solcher Verhältnisse in der bundesdeutschen Politik angeführt. Hier geht es um die Wirkungen auf die allgemeine Politik. Verständlich, daß die Verheugens oder Matthäus in der Bundesliga unserer politischen Arenen weiterführen, was in der Probierarena Studentenpolitik für sie und andere so erfolgreich war: Symbolische Politik. Das ist der Bedienung von Lebenstil-Gruppen nicht ganz unähnlich in der äußeren Erscheinung, aber verschieden im Kern.

Symbolische Politik heißt: Was immer gefordert oder bekämpft wird, ist stellvertretend für „das Eigentliche". Wenn etwa ein Vermummungsverbot bekämpft wird – also die F.D.P. für das Recht von Demonstranten kämpft, bei deren Rechtsverletzung für die Polizei unfindbar zu bleiben –, dann ist dies real eine Politik gegen Polizisten. Nach der sozialen Zusammensetzung der Konfliktpartner ist dies lupenreiner Klassenkampf von Oben, weil hier die Kinder des Bürgertums gegenüber den Kindern aus Arbeitermilieu begünstigt werden. Als Symbolische Politik gilt ein Kampf gegen das Vermummungsverbot jedoch als Eintreten für die Liberalität gegen deren Einschränkung durch Staatsgewalt.

Bei Symbolischer Politik kommt es nicht an auf die tatsächliche

Wirkung, sondern auf den Wert einer Forderung als „Zeichen“. Der Inhalt solcher Politik ist das Setzen von Zeichen. Wenn etwa die Bundersrepublik für 35 Millionen Mark ein riesiges Windrad an die Nordseeküste stellt, dann ist es für die Befürworter Symbolischer Politik unerheblich, daß dieses teure Bauwerk praktisch nutzlos ist: daß Windräder unsere Energienachfrage nicht nennenswert verändern können, wissen wir auch ohne ein solches Bauwerk. Aber: Unter Beifall durch die Studentenpolitiker in der F.D.P. wurde mit dem Windrad ja nur ein Zeichen gesetzt für die Ernsthaftigkeit des Interesses an Alternativen zur Kernenergie. Und 35 Millionen statt fünf Millionen Mark mußte das Windrad kosten, weil mit 35 Millionen eben siebenmal so viel an Ernsthaftigkeit demonstriert wurde wie mit nur fünf Millionen.

Symbolische Politik war selbstverständlich der Stil der ex-Studentenpolitiker aller Parteien. Mit dieser Symbolischen Politik wurden nun auch die Themen der politischen Bundesliga so theatralisch aufbereitet und beliebig ausgewechselt, wie dies in der Politik an den Hochschulen der Brauch ist. Heute symbolisiert der Kampf gegen das Kontaktsperregesetz wahren Liberalismus, morgen die Sorge für die SWAPO einen Beweis für demokratische Moralität – falls nicht wieder einmal die PLO zum Kultobjekt wird –, dann wieder die Klage um die Indianer im Nordosten Brasiliens die Fähigkeit des Mitleidens. Von heute auf morgen mag dies vergessen werden, dann stehen für das Kontaktsperregesetz nun eben Vermummungsverbote, für die SWAPO die Sandinistas und für Brasilien-Indianer die Robben-Babys von Neufundland. Sicher darf man sein, daß zu den Symbolen für die rechte progressive Gesinnung nicht gehören wird die Ermordung vieler Zehntausender im Iran, der Tod von Hunderttausenden im Krieg Irak-Iran, die Militärregierung in Polen oder die blutige Unterdrückung in Afghanistan. Es wird keine Besorgnis geben über die Situation der Albaner diesseits und jenseits der Grenzen von Jugoslawien, über den Genozid in Campuchea, über die Bootsleute aus Vietnam. Grund: Diese schlimme Dinge sind bloß schlimme Dinge, sind eben lediglich real, eignen sich aber nicht als moralischer Vorwurf an Adressen in der eigenen Gesellschaft.

In der Symbolischen Politik sind die Gegenstände bloße Versatzstücke, die als moralische Wurfgeschosse geeignet sind.

In dem Umwerben von Lebensstil-Gruppen sind Argumente sehr häufig auch nur Symbole, aber dann allgemein als Symbole und nicht reduziert auf ihre Funktion als moralische Wurfgeschosse. Und in der Lebensstil-Werbung wird dem Pluralismus in der Gesellschaft Rechnung getragen, während der Klüngel der subventionierten Studentenpolitik eine Einheitlichkeit der Aufmerksamkeit und der Wertung erzwingen will. Bei den Medien, allen voran den öffentlich-rechtlichen elektronischen Medien war Symbolische Politik im Dienste des Fortschritts allerdings ein voller Erfolg. Ihr Abwechslungsreichtum erhöht den journalistischen Unterhaltungswert, und zudem war Symbolische Politik gerade das, was ein großer Teil des jüngeren Personals in den Medien vom Uni-Milieu her gewohnt war. Der Abnehmerkreis für eine Symbolische Politik ist jedoch in Wirklichkeit sehr viel enger, als die Medien glauben lassen, und hier tummeln sich potente Mitbewerber der progressiven F.D.P., nämlich die Hauff-Eppler-Brandt SPD und ein Teil der Grünen.

Auf dem Parteitag der F.D.P. im November 82 in Berlin, der dem Wechsel der Koalition in Bonn eine quasi-plebiszitäre Rechtfertigung nachliefern sollte, wurde es augenfällig. Die ehemaligen Studentenfunktionäre verhielten sich für Uneingeweihte unverständlich. Da wurde unvermittelt gewechselt zwischen Geschäftsordnungsdebatten, Stricken, Grundsatzerklärung zur geistesgeschichtlichen Stellung des Liberalismus heute, Tuscheln in Cliquen, und immer wieder moralisierender Kritik. Und noch nie wurde auf einem Parteitag im Nachkriegsdeutschland soviel geweint, registrierten Beobachter. Für die ehemaligen Studentenfunktionäre, ergänzt um einige Altideologen, wurde die Wahl einer Koalition als eine Gesinnungsfrage aufbereitet. Tatsächlich war eine Bindung an die Kulturlinke in der SPD eine existentielle Frage. Nach der Berichterstattung vor allem im Fernsehen hatte es den Anschein, als ob der Wechsel in Bonn die F.D.P. mitten durchreißen würde.

Dann war der Spuk zerstoben, es gab in Wirklichkeit nur eine F.D.P., die viel später als notwendig wieder zu sich gefunden hatte. Für den Wahltermin des 6. März '82 kam diese Wiederentdeckung der FDP in der F.D.P. zu spät und war bisher auch zu inkonsequent. Mit der ihm eigenen Unsicherheit in Personalentscheidungen für Menschen aus ihm fremden Milieu hatte Genscher sich wieder einmal einen Generalsekretär ausgewählt, der mehr von der F.D.P., ja der ex-Studentenpolitik versteht als von einer liberalen Politik, die in diese Zeit hinein gehört.

Die Leitgedanken des Liberalismus würden heute von allen Parteien in Anspruch genommen, schrieb unlängst Alois Rummel. Politische Beobachter bestreiten inzwischen häufig, daß es noch ein Ideengut gäbe, welches die F.D.P., oder auch die FDP, als Markenartikel gegenüber dem Gedankengut der beiden großen Parteien der Bundesrepublik nur für sich in Anspruch nehmen könnte. Und mit der Angstpropaganda gegen die Mehrheit einer der beiden großen Parteien läßt sich auch immer weniger ein Raum für die F.D.P. ausgrenzen. Verbliebe da noch das Vorzeigen von politischen Persönlichkeiten, die zumindest für Minderheiten zur Identifikation anregten – wie früher Theodor Heuss und zu einem gewissen Grade später noch Walter Scheel. So etwas war bei liberalen Parteien in Europa sogar üblich und war ein Grund für ihr Überleben, gerade weil sie eigenwilligen Persönlichkeiten mehr Karriereraum boten als die großen Parteien. Für die Bundesrepublik ist solches heute nicht zu erspähen.

Verbliebe der *appeal,* mit dem die Umbenennung der FDP zur F.D.P. von Flach begründet wurde. Vielleicht ist gerade in einer sehr pluralistischen Gesellschaft die Zerlegung in zwei politische Lager für die wachsende Minderheit höher Gebildeter eher abstoßend. Vielleicht ist das negativ-Argument, das wichtigste an der F.D.P. sei, daß sie eben weder SPD noch CDU/CSU sei, längerfristig fürs Überleben ausreichend. Gute Zeiten vorausgesetzt, in denen Sachfragen der Politik und praktische Kompetenz nicht so entscheidend sind. Aber: Da gibt es ein neues Element in der bundesdeutschen Politik und nicht nur hier.

In der Bundesrepublik konzentrieren sich in Bundestagswahlen schon seit langer Zeit um die 90 Prozent der Stimmen auf die beiden großen Blöcke. Zur Verteilung an weitere Parteien verbleiben damit nur zwischen acht bis zwölf Prozent – durchweg zu wenig für mehr als eine dritte Partei. Linksextremisten und Rechtsextremisten erhalten in Bundestagswahlen zwischen ein und zwei Prozent; ungeachtet der Stimmergebnisse bei den Wahlen zu den Studentenparlamenten in der Bundesrepublik gibt es keine Anzeichen für eine Veränderung dieses Sachverhalts. Damit hängt mittelfristig das parlamentarische Überleben der F.D.P. von der Entwicklung der Sympathie für die „Grünen" ab – kurzfristig dürfte für die F.D.P. ohnehin nichts zu erwarten sein. Damit ist die Zukunft des Parteiensystems in der Bundesrepublik mittelfristig von zirka zwei bis zehn Prozent der Wähler abhängig, die sich auf verschiedene Weise einerseits auf die beiden großen Blöcke und andererseits auf die Splitterparteien und die jetzt rivalisierenden Dritten Parteien verteilen.

Da erlaubt eine Ableitung aus „sozialen Strukturen" und „sozialen Wandlungen" nicht viel an Voraussage. Da kann soziologisch nur als Rahmenbedingung erklärt werden, warum Ereignisse und Persönlichkeiten – in ganz altmodischer Betrachtung – zu Bestimmungsgründen für die politische Entwicklung werden.

Günter Verheugen

Kein Monopol für den Liberalismus

Gedanken zum Parteienwechsel

Der ehemalige Generalsekretär der F.D.P., Günter Verheugen, nach dem Ende der sozialliberalen Koalition prominentester Parteienwechsler, zieht ein persönliches Fazit: Der Liberalismus hat schon mehr als eine liberale Partei überlebt

Mit Recht trägt die bis heute nicht übertroffene Darstellung der Geschichte des deutschen Liberalismus aus der Feder von F. C. Sell den Titel „Die Tragödie des deutschen Liberalismus". Vieles spricht dafür, daß wir zur Zeit den letzten Akt dieser Tragödie erleben, das Ausscheiden des organisierten Liberalismus aus der deutschen Politik. Auch wenn die F.D.P. die Bundestagswahl am 6. März überleben sollte, ist damit nicht gesagt, daß sie als eine oder gar als *die* liberale Partei in Deutschland bestehen bleibt. Der Schwung der Wende des vergangenen Herbstes hat die F.D.P. so weit an das andere Ufer getragen, daß sie ihren Platz wahrscheinlich nur noch am rechten Rand des Parteienspektrums finden kann. Wer sich also Gedanken über die Zukunft des Liberalismus in Deutschland macht, muß einen ungewohnten Gedanken berücksichtigen. Er muß bedenken, daß die Zukunft des Liberalismus sehr wohl auch getrennt von der Zukunft der F.D.P. bestehen kann.

Wir brauchen liberale Politik

Ich habe immer der von Vertretern der Volksparteien gern geäußerten Ansicht widersprochen, der Liberalismus habe seine historische Aufgabe längst erfüllt, sich in Staat und Gesellschaft soweit wie überhaupt nur erträglich durchgesetzt und könne mithin getrost von der Bühne abtreten. Und im übrigen, so geht diese Argumentationskette weiter, hätten die Volksparteien genug an liberalen Ideen und liberalen Personen in sich aufgenommen, so daß es des Wettbewerbs mit einer liberalen Partei nicht mehr bedürfe. Zweifellos ist es richtig, daß der Liberalismus in den westlichen Demokratien einen – an seinen ursprünglichen Zielen gemessenen – vollständigen Sieg errungen hat. Die Staatsverfassungen und Gesellschaftsordnungen folgen liberalen Prinzipien. Es damit sein Bewenden haben zu lassen, bedeutet allerdings, daß man den Liberalismus als ein statisches Gedankengebäude betrachtet, das vor 150 Jahren einmal errichtet wurde und sich seitdem nicht weiter entwickelt hat. Zweifellos widerspricht eine solche statische Betrachtung dem Wesen des Liberalismus in der denkbar weitesten Form. Gerade der Liberalismus in seiner skeptischen Rationalität hält ja nichts, sich selbst eingeschlossen, für unwandelbar. Die Gestaltung des Wandels, darin ist Dahrendorf ausdrücklich zuzustimmen, ist immer seine Aufgabe gewesen. Unter neuen gesellschaftlichen und politischen Bedingungen können die konkreten Antworten des Liberalismus auf konkrete Probleme, also seine Programme, durchaus unterschiedlich ausfallen. Karl-Hermann Flach hat immer wieder daran erinnert, daß es keine liberale Dogmatik geben kann, keine liberalen Endziele und – so füge ich hinzu – auch keine Begründung liberaler Ziele mit transzendenten, außerhalb der Vernunft liegenden Bezüge.

So betrachtet, ist Liberalismus schon lange mehr eine bestimmte Methode, Politik zu entwickeln und durchzusetzen, als ein allgemein anerkannter, programmatisch zu fixierender Inhalt. Um es an einem Beispiel zu verdeutlichen: Wenn die sozialliberale Lehre Friedrich Naumanns von den deutschen Liberalen nicht nur ehrfürchtig zitiert, sondern auch praktisch beherzigt worden wäre, dann wären Sozialdemokratie und Liberalismus auf dem Felde der

Wirtschafts- und Gesellschaftspolitik schon sehr früh Partner geworden und die F.D.P. könnte nicht mit der törichten und geistlosen Aussage Wahlkampf führen, es gelte jetzt, die Entscheidung zwischen Sozialismus und Liberalismus herbeizuführen.

Wenn es keine liberale Dogmatik geben kann, dann kann auch nicht behauptet werden, daß die Programme liberaler Parteien in Deutschland die jeweils einzige und auf jeden Fall verbindliche Definition liberaler Politik gewesen seien. Es gab immer Minderheitspositionen gerade in den liberalen Parteien und bis auf den heutigen Tag in der F.D.P. Die Entscheidung darüber, was noch liberale Politik genannt werden kann, ist nicht mehrheitsfähig. Theoretisch ist nicht einmal auszuschließen, daß Parteien, die sich nicht als liberale Parteien im historischen Sinne verstehen, in ihrer Politik liberalen Prinzipien glaubwürdiger folgen als die liberale Partei selbst.

Es gibt kein Monopol auf Liberalismus für die liberale Partei. Wenn die Ziele liberaler Politik als die Absicht beschrieben werden, Abhängigkeiten abzubauen und freie Entscheidungen möglich zu machen, und wenn die Methode liberaler Politik so definiert wird, daß Toleranz und kritische Rationalität das politische Handeln und die Entscheidungsfindung bestimmen sollen, dann kann und muß dieser Maßstab an alle politischen Gruppen in einer pluralistischen Demokratie angelegt werden.

Unbestreitbar ist, daß liberale Politik in diesem Sinne gebraucht wird, wenn man ein freiheitliches und humanes Gemeinwesen gestalten will. Unbestreitbar ist auch, daß die beiden Volksparteien CDU/CSU und SPD ideologische Wurzeln haben, die sie auch zu einer anderen Programmatik und Praxis führen können als einer liberalen und das auch oft genug tun.

Volksparteien unterliegen dem Zwang, präzis definierte Interessen aufzuspüren und mit ihrem Angebot zu befriedigen. Sie können und wollen einen gewissen populistischen Grundzug in ihrer Politik nicht verleugnen. Wenn zwei Volksparteien dasselbe tun, ist es gleichwohl nicht dasselbe, weil sie traditionell festliegende unterschiedliche Zielgruppen ansprechen. Sehr vergröbert gesagt, macht sich hier die Herkunft der SPD aus der Arbeiterbewegung und der Charakter der Union als bürgerliche Sammlungsbewegung bemerkbar.

Der Wettbewerb zweier Volksparteien mit einer liberalen Partei hat zumindest in der Theorie die Chance, daß auch die politischen Themen aufgegriffen und die politischen Bedürfnisse befriedigt werden konnten, die von den großen Parteien liegengelassen wurden. Für die dritte Partei lag darin aber die Gefahr, eine Art politischer Resteverwerter zu werden, und die F.D.P. ist dieser Gefahr auch nicht entgangen.

Die sehr starke Funktion der F.D.P. in unserem Parteiensystem ergab sich im Grunde daraus, daß ihre Standpunkte nach links und nach rechts erträglich waren. Die F.D.P. verlor ihren Einfluß und wird womöglich ihre Existenzberechtigung verlieren, als nicht mehr Standpunkte, sondern nur noch Machtkalkül, politische Arithmetik, ihr Verhalten bestimmte und als sie ihre Rolle als Anreger und Motor des Wandels an andere politische Gruppierungen abgeben mußte.

Das Versagen der Liberalen

Die hundert Jahre alte Spaltung des deutschen Liberalismus in einen freisinnigen und einen wirtschafts- und nationalliberalen Flügel hat dazugeführt, daß der Liberalismus weder im Kaiserreich noch in der Weimarer Republik noch in der Bundesrepublik niemals wieder eine Massenbewegung werden konnte. Es war aber nicht nur diese ideologische Spaltung dafür verantwortlich. Ursächlich war auch, daß beiden liberalen Richtungen das Verständnis für die Brisanz der sozialen Frage in der Industriegesellschaft fehlte. Beide liberale Richtungen begnügten sich damit, einen sehr engen Ausschnitt der Gesamtwählerschaft anzusprechen: den gewerblichen Mittelstand und die Industrie die einen, das akademisch gebildete Bürgertum die andere.

Es ist sehr aufschlußreich zu sehen, daß diese Gruppen sich von den liberalen Parteien nur so lange vertreten ließen, wie ihre materiellen Interessen im großen und ganzen unberührt waren. Sobald auch diese Gruppen in der Nähe der Gefährdung ihrer materiellen Existenz kamen, wandten sie sich anderen, als entschlossen und stärker eingeschätzten politischen Kräften zu. Die liberalen Parteien der Weimarer Zeit hatten sich keine dem Liberalismus innerlich verbundene Wählerbasis schaffen können. In der Stunde der Gefahr, als alle liberalen Errungenschaften auf dem Spiel standen, liefen die liberalen Wähler einfach davon.

In der Bundesrepublik wollte man den einen Fehler, den der organisatorischen Spaltung, vermeiden. So entstand die F.D.P. als ein Dachverband der unterschiedlichsten liberalen Strömungen, der nur mit dem kleinsten gemeinsamen Nenner zusammengehalten werden konnte. Fast zwangsläufig suchte die Partei ihr Heil in einem Pragmatismus, der auf jeden Fall auf Regierungsbeteiligung angewiesen war.

Zunächst profitierte die F.D.P. von den institutionellen Sicherungen des Grundgesetzes gegenüber der Gefahr eines Viel-Parteien-Staates. Wähler, die aus dem einen oder anderen Grund die beiden großen Parteien nicht wählen mochten, fielen der F.D.P. zu. Auf diese Weise wurde allerdings jede Wahl für die Freien Demokraten zur Zitterpartie. Niemals konnte man sicher sein, daß genug reisende Wähler bei ihr Halt machen würden.

Zweimal war die politische Konstellation so günstig und von der F.D.P. so geschickt ausgenutzt worden, daß herausragende Wahlergebnisse entstanden und der F.D.P. die Chance zur Konsolidierung auf einem hohen Niveau boten: 1961 und 1980. Beide Male versagte die F.D.P. und beide Male aus demselben Grund: Sie wollte nicht wahrhaben, daß ihre Wahlversprechen genauer nachgemessen wurden als die der anderen Parteien.

Das hat einen einfachen und plausiblen Grund. Die häufig sehr differenzierten Wahlprogramme der F.D.P. verschwinden fast immer hinter ihrer taktischen Marschroute, nämlich ihren Aussagen zu möglichen oder nicht möglichen Koalitionen. Der Zwang der Koalitionen begründete einen Zwang zu Koalitionsaussagen vor der Wahl, und trotz vieler Anstrengungen gelang es der F.D.P. nie, ihren Koalitionsentscheidungen den Anstrich von Richtungsentscheidungen zu nehmen. Mehr und mehr wurde die F.D.P. nur als Koaltionspartei wahrgenommen, mehr und mehr begriff sie sich auch selber so. Der Versuch, eine politische Alleinstellung inhaltlich zu begründen, wurde nicht konsequent zu Ende geführt. In Wahrheit liegen die Dinge so, daß es immer seltener F.D.P.-Positionen gab, die nicht in dieser oder ähnlicher Form auch von anderen Parteien eingenommen werden konnten.

Theoretisch und in Europa an erfolgreichen Beispielen belegt gibt es zwei eigenständige Positionen für die F.D.P. mit der Chance, eine dauerhafte und ebenso eigenständige Wählerbasis zu finden. Sie kann eine Wirtschaftspartei sein, das Gegenstück etwa zu einer Arbeiterpartei, und sie kann eine radikal-demokratische Fortschrittspartei sein. In den letzten Jahren war die F.D.P. beides, mit einem Plus der Fortschrittlichen bei den Programmen, mit einem Übergewicht der Wirtschaftsliberalen in der Praxis. Nach einer sehr langen Zeit der Gewöhnung an die sozialliberale Koalition war die F.D.P. – Wählerschaft ganz überwiegend aus Befürwortern der Zusammenarbeit von Sozialdemokraten und Freien Demokraten zusammengesetzt. Aber auch die anderen vertraten in der Koalitionsfrage einen sehr eindeutigen Standpunkt: Pacta sunt servanda. Die jetzige F.D.P.-Führung war bei ihrem Wende-Manöver geblendet vom falschen Glanz der 10,6 Prozent vom 5. Oktober 1980 und getrieben von der Angst, im nächsten Bundestag allenfalls noch als dritte Oppositionspartei zu landen.

Diese Sorge war absolout berechtigt, wie die Landtagswahlergebnisse zwischen der Bundestagswahl und der „Wende“ beweisen. Die richtige Strategie wäre es nun gewesen, den Ursachen der strukturellen Änderungen im Wählerverhalten nachzuspüren und eine klare inhaltliche Antwort zu geben. Stattdessen aber warf man sich in die für rettend gehaltenen Arme der Union: Unter Verzicht auf die durchaus vorhandene liberale Identität im Bereich der Außen- und Innenpolitik, unter Verdrängung der sozial engagierten liberalen Positionen und unter Preisgabe der enormen Durchsetzungsfähigkeit, die in der sozialliberalen Koalition den kleineren Partner fast regelmäßig zum dominierenden gemacht hatte.

Seit der Wende ist die Zeit der Taktik für die F.D.P. vorbei. Sie hat keine Optionen mehr. Sie kann jetzt nur noch wegen der verbliebenen inhaltlichen Substanz gewählt werden. Das einzige funktionale Wahlmotiv, die Bundesrepublik müsse vor dem schädlichen Einfluß der konservativen Kräfte in der Union geschützt werden, ist in sich so widersinnig, daß es kaum Anhänger finden dürfte. Und zu den drei großen Themen, die die Politik der nächsten Jahre bestimmen, haben die organisierten Liberalen in der Rest-F.D.P. nichts Glaubwürdiges mehr beizutragen. In der Außen- und Sicherheitspolitik sind klare Konturen nicht mehr zu erkennen, die Praxis des Außenministers verwischt sie alle. In der Wirtschaftspolitik wird die F.D.P. zunehmend nach rechts gedrückt und muß außerdem von der Union alles ertragen, was sie der SPD als sozialistische Marterinstrumente vorgeworfen hatte. In der Umweltpolitik können schöne Worte nicht darüber hinwegtäuschen, daß mit Zimmermann und Spranger Politiker für diesen Bereich zuständig geworden sind, denen die ganze Richtung sowieso nie gepaßt hat.

Die F.D.P. hat mit einem Schlag alle ihre Bemühungen um die Verwirklichung fortschrittlicher Politik aufgegeben. Ihr personeller und inhaltlicher Substanzverlust ist so tiefgehend, daß eine erneute „Wende" nicht erwartet werden kann – ganz davon abgesehen, daß es dafür auf lange Zeit keinen Partner geben wird.

Was geht mit dieser F.D.P. unter, wenn sie tatsächlich untergeht? Wahrscheinlich nur eine äußere Hülle, ein organisatorisch einigendes Band. Die Ziele und die Aufgaben nicht. Die werden an anderer Stelle unter anderen Rahmenbedingungen weiter verfolgt. Die Rechtsliberalen können als eigene Partei vielleicht sogar überleben, sie können den Firmennamen F.D.P. sogar behalten, aber dies wird dann eine andere F.D.P. sein, wahrscheinlich die Verwirklichung der Vierten Partei im Sinne von Franz-Josef Strauß: eine bundesweit operierende CSU ohne deren Wahlergebnisse und Verankerung in der Bevölkerung. Die Linksliberalen sind heute schon Diaspora, Zerstreute, Versprengte. Sie hatten und haben nur schwierige Optionen: in aussichtsloser Minderheitenposition mit einer Feigenblatt-Funktion in der F.D.P. bleiben und auf bessere Zeiten hoffen – das ist die erste Möglichkeit. Eine linksliberale Partei ohne Chancen bei Wahlen zu gründen, aber sich im Kreise moralisch hochgestimmter Gleichgesinnter wohlfühlen können – das ist der zweite Weg. In die Partei einzutreten, die immer schon die überwiegende

Mehrheit der fortschrittlichen Wähler repräsentiert hat und nach Friedrich Naumann den „Liberalismus der Masse“ verkörpert, also in die SPD, das ist der dritte Weg.

Die Entscheidung für einen dieser drei Wege bleibt keinem Liberalen erspart. Die Chance eines gemeinsamen Weges bestand nicht. Zu vielfältig und zu unterschiedlich waren die persönlichen Interessen, zu stark bei vielen die menschlischen Bindungen, zu riskant für manche der Versuch, etwas Neues zu wagen. Vor allen Dingen aber fehlte eine Autorität im linksliberalen Lager, deren Beispiel die Mehrheit bereit gewesen wäre zu folgen.

Insgesamt verbessert das Auseinanderfallen der Linken in der F.D.P. die Chancen des fortschrittlichen Liberalismus nicht. Die neue Chance kommt womöglich von einer anderen Seite. Die SPD ist in eine neue Phase ihrer Entwicklung eingetreten. In den fünfziger und sechziger Jahren war aus der reinen Arbeiterpartei die regierungsfähige Volkspartei geworden. Jetzt schickt sich die Volkspartei an, allein mehrheitsfähig zu werden. Dieses Ziel wird sie nur erreichen, wenn sie alle fortschrittlichen Kräfte einschließlich der Liberalen an sich binden kann. Die SPD muß bereit sein, die liberalen Funktionen mit zu übernehmen, also das Wächteramt über die Liberalität in Staat und Gesellschaft, die Bereitschaft zur ständigen Reform als Gestaltung des gesellschaftlichen Wandels und den Schutz von Minderheiten und diskriminierten Gruppen. Die Verbindung dieser Funktionen mit den inhaltlichen Postulaten der mit viel Tradition belasteten Sozialdemokratie wird nicht immer einfach sein – aber ändert das gegenüber dem bisherigen Zustand sehr viel? Ein Teil der Diskussion, die zwischen den Parteien geführt wurde, wird künftig innerhalb der Volkspartei SPD geführt werden. Der Vorteil kann auf beiden Seiten liegen: Die SPD erweitert sich und nimmt eine Tradition auf, die aus derselben historischen Quelle stammt wie die eigene. Und die Liberalen haben ihr Überlebensproblem gelöst – nicht als Gäste der Sozialdemokratie, sondern als Teil des fortschrittlichen Flügels der deutschen Politik. Der Liberalismus ist lebensstark, solange es Liberale gibt. Und Liberale gibt es, solange es die Idee der Freiheit gibt. Der Liberalismus hat schon mehr als eine liberale Partei überlebt. Er wird auch die F.D.P. überleben.

Europäische Verwirrungen

Luigi Barzini: **Liberalismus auf italienisch.** Brief aus Rom / Max Beloff: **Geständnisse eines ‚Exliberalen'.** Brief aus London / Jean François Revel: **Frankreich und der Liberalismus.** Brief aus Paris

Luigi Barzini

Liberalismus auf italienisch

Brief aus Rom

Überall in Europa und im Westen generell ist „liberal" vielleicht ein mehrdeutiger, vielschichtiger Begriff. In Italien dagegen hat der Ausdruck *liberale* eine engbegrenzte, strengdefinierte Bedeutung. Die grundsätzliche Haltung eines *liberale* in aktuellen politischen, philosophischen, ethischen und wirtschaftlichen Fragen ändert sich kaum, und wenn, dann innerhalb enger Grenzen. Ein *liberale* ist mit anderen Worten ein *liberale* und nichts sonst. Er ist kein großzügiger Katholik, kein schwärmerischer Konservativer, kein ungebundener Kapitalist, kein permissiver Skeptiker, kein auf Veränderungen bedachter Sozialist und auch kein zaudernder Sozialreformer, auch wenn diese Leute in anderen Ländern vielleicht „liberal" genannt werden und viele von ihnen in Italien ihre Stimme der *Partito Liberale* geben.

Die Wähler der *liberali* gehören meiner Meinung nach zur „fortschrittlichsten", und damit zwangsläufig zur zahlenmäßig kleinsten Gruppe im Land. Viele, wahrscheinlich die meisten, sind Akademiker, in angesehenen Berufen (Ärzte, Anwälte, Wissenschaftler, Hochschullehrer) und anerkannte Fachleute auf ihrem Gebiet. Einige sind Manager und Kleinunternehmer. Aber viele sind auch kluge Leute aus einfachen und nicht näher bekannten Verhältnissen, ohne kulturelle Vorbildung (Arbeiter, Handwerker, Büroangestellte und Besitzer kleiner Läden), die irgendwann im Leben für sich den *liberalen* Standpunkt entdeckt haben, der in Italien mehr als nur ein politischer Grundsatz oder ein Programm und mehr als eine Methode ist, Probleme anzugehen. Er drückt in gewisser Weise auch das Maß menschlicher Reife aus.

Die geschichtlichen und philosophischen Wurzeln der sich *liberale* nennenden Bewegung sind bekannt. Sie geht zurück auf das Zeitalter der Aufklärung, auf Italiens fortschrittliche Denker aus dem 18. Jahrhundert, auf die französischen *philosophes,* auf Adam Smith und John Stuart Mill. Sie entwickelte sich zu Beginn des letzten Jahrhunderts, beseelt durch die Errungenschaften des Amerikanischen Bürgerkriegs und der Französischen Revolution. In den Jahrzehnten danach vollendete sie ihre großen historischen Aufgaben, die Einigung des Landes und dessen Befreiung von der Fremdherrschaft. (Das Standbild Victor Emmanuels II. in Rom ist diesen beiden großen Taten gewidmet – *Patriae unitati* und *Civium libertati.)* Die *liberali* regierten Italien dann zwischen 1860 und der Zeit unmittelbar nach dem Ersten Weltkrieg und machten trotz großer Schwierigkeiten und sozialer Unruhen, Irrtümer und militärischer Niederlagen aus einem rückständigen, patriarchalischen Agrarstaat mit einer größtenteils analphabetischen und aufrührerischen Bevölkerung, die nicht Italienisch, sondern die regionale Mundart sprach, nach und nach eine aufgeklärte Industriemacht – die in Europa mit einigem Abstand auf Großbritannien, Frankreich und Deutschland folgte. Seit jeher stellten die *liberali,* wie auch heute noch, einen zahlenmäßig unbedeutenden Prozentsatz der Bevölkerung, der vielleicht bei knapp fünf Prozent liegt, und noch immer gehören die meisten von ihnen zur freiberuflichen, gebildeten Mittelschicht. Nicht ein einziger Proletarier war 1860 bei der Landung der Rothemden Garibaldis in Marsala dabei. Mächtige Gruppen, wie etwa die Mafia, waren und sind gezwungen, sich stets auf der Seite der Parteien zu halten, die an der Macht sind oder sie vermutlich demnächst erringen. Die *liberali* dagegen brachten es trotz vieler Schwierigkeiten und zahlreicher Feinde fertig, sich im Sattel zu halten, weil sie ohne Frage den Zeitgeist verkörperten. Mühelos beherrschten sie die Kultur des Landes und hatten die besten Führer, die von einer kleinen Zahl wohlhabender Wähler ausgesucht wurden, die selbst meistens *liberali* waren.

Zunächst mußten sie gegen ausländische Heere kämpfen

sten wie Katholiken der Gegenreformation) und deren unauffällige und kluge, wenn auch oft zweifelhafte Art, persönliche und öffentliche Probleme zu behandeln.

Die meisten Italiener haben sich bis heute ihre alte Zurückhaltung und Verachtung gegenüber den Gesetzen und verfassungsmäßigen Behörden bewahrt. Vor allem klammern sie sich wie eh und je eigensinnig an das Ideal des mittelalterlichen Korporativismus, der das Wirtschaftsleben in ein Wirrwarr einander befehdender anarchistischer Gruppeninteressen verwandelte, was es im übrigen noch immer ist. Als Merkantilisten vom Schlage Colberts verabscheuten sie den freien Wettbewerb und die Marktwirtschaft, das Schwanken der Preise und des Geschmacks der Verbraucher. Sie haßten erfolgreiche Unternehmer. Italiens antiliberale Anhänger des Korporativismus träumten von einer gefestigten, fast unbeweglichen, in Schichten gegliederten Gesellschaft, in der jeder zufrieden dort sein Leben lebte, wo das Schicksal ihn hingestellt hatte. Und über allem thronte der Souverän, der praktisch allmächtige Besitzer von allem und sein Herrscher. Nur Abenteurer und korrupte Geschäftemacher konnten, unterstützt durch politische Intrigen, in einer solchen Gesellschaft zu etwas kommen – so wie auch heute immer noch.

Diese sich hartnäckig haltenden Vorlieben waren der konservativen Schicht selbstverständlich lieb und teuer, den Linken später allerdings auch (zuerst den Sozialisten, und nach 1921 auch den Kommunisten). Das ist der Grund, warum der Antiliberalismus das unsichtbare Band war, das die extreme Rechte, die Katholiken, und die revolutionäre Linke verknüpfte und hin und wieder eine Zusammenarbeit zwischen beiden möglich machte. Er trug dazu bei, daß der Faschismus und sein „korporativer Staat" entstanden, und nach dem Zweiten Weltkrieg zum Bündnis zwischen Christdemokraten und Sozialisten wie auch zur getarnten Zusammenarbeit von Christdemokraten und Kommunisten. Hinzuzufügen ist, daß die Feindseligkeit vieler Katholiken gegen die freie Entfaltung, die Marktwirtschaft und den Kapitalismus auch den Anstrich des *Odium theologicum* hatte und von ihm gestärkt wurde. Sie hielten derartige Neuerungen für unheilige, ketzerische Erfindungen der protestantischen Reformation und

(gegen die Österreicher), dann gegen feindliche Machenschaften des Auslands und gegen die Macht der Kirche. Die Kirche beherrschte moralisch die breite Volksmasse, eine gewaltige Mehrheit, fast die gesamte Landbevölkerung und den Adel. Linken Parteien gelang es später allmählich, einen Teil des Proletariats an sich zu ziehen. Die atheistische Linke und die Kirche waren offene Konkurrenten und Feinde, und trotzdem bekämpften beide die *liberali* bis aufs Messer, wenn auch aus ganz unterschiedlichen Gründen. Den Katholiken und Marxisten mißfiel, und mißfällt noch immer, der weltliche Einheitsstaat, der Patriotismus, die Trikolore, die Herrschaft des Gesetzes, die umfassende Erziehung und Ausbildung, die Marktwirtschaft, die parlamentarische Demokratie, die Unabhängigkeit der Magistrate und die Industrialisierung – also die meisten Seiten der „modernen" Welt, das heißt der Welt der Jahrhundertwende. Ungeachtet all dieser Schwierigkeiten gelang es den wenigen *liberali,* Italien zu Europa hinüberzuziehen, fort von seiner überwiegend byzantinischen Vergangenheit, so daß es sich den wichtigsten geistigen Strömungen der Zeit öffnen und beiläufig als einer der Sieger des Ersten Weltkriegs hervorgehen konnte. Ganz allmählich und mit viel Mühe erreichten sie auch, das italienische Leben wenigstens an der Oberfläche zu ändern.

Ihre Erfolge waren beachtlich, doch es waren nur Scheinerfolge. Italien wurde nie eine richtige „kapitalistische" Gesellschaft, schuf nie wirklich eine Klasse bedeutender, unabhängiger Unternehmer. Seine industrielle Entwicklung könnte man mit der des zaristischen Rußlands vergleichen. Alle wichtigen Initiativen begann, förderte und finanzierte der Staat. Auch viele kleinere hingen, was ihr Zustandekommen und den Erfolg anging, von Staatsverträgen ab, doch die meisten waren das Ergebnis privater Bemühungen. Die *liberali* bildeten kulturell wie wirtschaftlich die Elite, aber sie stellten doch eine ziemlich zerbrechliche Eierschale dar, die Italien in der trügerischen Gestalt eines quasimodernen Landes zusammenhielt. Sie brachten nie eine wirklich liberale Revolution zustande. Hinter der Fassade klammerten sich die Italiener an die politischen Lehren ihrer Kirche, an deren ethische Grundsätze (in Italien verhalten sich selbst Atheisten und Marxi-

waren der Ansicht, daß alle Kapitalisten theoretisch auf den Scheiterhaufen gehörten. (Eigenartigerweise ist festzustellen, daß der „fanatische Antikapitalismus“ der Linken am besten in den Ländern gedieh, die das Aufkommen einer wirklich kapitalistischen Wirtschaft überhaupt nicht erlebt hatten, wie zum Beispiel Rußland, Frankreich, Spanien und Italien.)

Aus all dem läßt sich leicht ableiten, daß ein Land, das seit Jahrhunderten in der heimischen Form des politischen und ethischen Denkens der Gegenreformation erzogen worden war; ein Land, in welchem die meisten Schriftsteller und Künstler immer willig den Schutz und die Protektion eines Fürsten gesucht haben; ein Land, das eine eintönige, konformistische Kultur bevorzugt; ein Land, das den Faschismus erfunden und jetzt die größte kommunistische Partei des Westens hat, der Vorstellung der kulturellen, wirtschaftlichen und moralischen Freiheit nicht sonderlich verbunden ist. (Nach dem letzten Weltkrieg schlossen die Sozialisten einen Pakt mit den stalinistischen Kommunisten, ohne einen Gedanken an die Verteidigung des *Civium libertatis* zu verschwenden.) Freiheit ist die Autonomie des verantwortungsbewußten Einzelnen, der in der Gesellschaft ruht und sich seiner Rechte und Pflichten bewußt ist. Die meisten Italiener bevorzugen ein Leben in einer geordneten, stabilen Gesellschaft, in der chaotische Zustände für eine Milderung sorgen. Sie ziehen die Unsicherheit des Gesetzes und Korruption vor, eine Gesellschaft, die von einem ständigen Regen aus Wohltaten, Almosen, Subventionen, Vergünstigungen, Zuschüssen und Mitteln von oben profitiert. Von daher kann man leicht zu dem Schluß kommen, daß es einige für eine unumgängliche Pflicht halten, in der *Partito Liberale* weiterzukämpfen, sich in einer ganz kleinen Gruppe für die Freiheit mit all ihren heutigen Aspekten einzusetzen. Es sind nur wenige, das ist richtig, aber ohne sie könnte Italien in Europa weder wirtschaftlich noch politisch noch kulturell gedeihen.

Viele Ausländer halten die *Partito Liberale* Italiens für konservativ, für eine Abart rechter Politik. Das ist natürlich ein verzerrtes Bild. Die italienischen *liberali* kämpfen, wie die meisten Liberalen in Europa, gegen den Despoten – gegen seine alten *Lettres de cachet* und seine neuen Konzentrationslager. In der

Geschichte einiger Länder taucht der Despot in den phantasievollsten Verkleidungen von rechts auf. Die *liberali* und Liberalen formieren sich in diesen Fällen „links der Mitte“, um die Grundrechte des Menschen zu verteidigen. In anderen Ländern kommen andere Despoten zu anderen Zeiten von links, die rote Fahne in der Hand. Dann sammeln sich die *liberali* und Liberalen „rechts der Mitte“, um für die Grundrechte des Menschen einzutreten. Ich möchte soweit gehen und behaupten, daß die *Partito Liberale Italiano* auf ihre Art die einzige wirklich revolutionäre Partei des Landes ist, eine echte „radikale“ Partei in dem Sinne, daß sie den Dingen auf den Grund, die *radix,* geht.

Max Beloff

Werdegang eines Exliberalen

Brief aus London

Wer einmal Liberaler war und nach dem Abschied von einer langen Hochschullaufbahn seine letzten Jahre fast ganz den Konservativen widmet, dem kann schon passieren, daß er gebeten wird, das näher zu erklären. Ich glaube tatsächlich, daß meine Erfahrungen etwas Licht auf den gegenwärtigen Zustand der Liberalen Partei Großbritanniens und den Grund werfen, warum niemand, der an die klassischen Grundsätze des Liberalismus glaubt, sie wahrscheinlich noch unterstützen kann

Als Schüler war ich konservativ, aber als Student ein Sozialist, wie so viele meiner Zeitgenossen in den 30er Jahren. Zur Übereinstimmung mit der Liberalen Partei kam es wohl während des Zweiten Weltkriegs und unmittelbar danach, als ich mir die Anschuldigungen gegen die Konservative Partei der Vorkriegsjahre zu eigen machte, mich aber auch nicht sonderlich von der Politik angezogen fühlte, welche die Labour Party betrieb. (In meinem demnächst erscheinenden Buch, *Wars and Welfare, 1914–1945,* lege ich dar, was ich heute für die zutreffendere Deutung der Jahre zwischen den beiden Weltkriegen halte.) Ich war allerdings nicht sehr stark mit der Politik befaßt, gleichgültig welcher Richtung, da meine anspruchsvolle Tätigkeit als Hochschullehrer all meine Kräfte forderte. Aber auf Wählerebene nahm ich in bescheidenem Umfang Anteil an der Sache der Liberalen und tat ein wenig, wenn Wahlen waren, mehr aber auch nicht. Zu jener Zeit war Jo Grimond Parteiführer der Liberalen. Er war mit einer Enkelin von Premierminister Asquith verheiratet, stellte ein Bindeglied zur Epoche liberaler Vorherrschaft unmittelbar vor dem Ersten Weltkrieg dar und war (und bleibt) alles in allem in seinen Ansichten ein Liberaler vom Zuschnitt Asquiths. Der Wandel kam in den 60er Jahren, als Jo Grimond sich entschloß, die Parteiführung abzugeben, und von Jeremy Thorpe abgelöst wurde. Thorpes späteres Mißgeschick sollte uns nicht die Augen vor der Tatsache verschließen lassen, daß er ein engagierter Politiker war, der sich sehr darum sorgte, den neuen Aufschwung der Liberalen zu stärken, der unter Grimond eingesetzt hatte. Seine Schwäche war, daß er eher ein Taktiker als jemand mit dem klaren Blick für das Grundsätzliche war.

Es war zu seiner Zeit, als erstmals Gruppierungen der Linken versuchten, in die Partei und vor allem die „Jugendorganisation" einzudringen, die sich so oft als die Achillesferse progressiver Parteien erweist. Junge Liberale begannen, von der Liberalen Partei als einer nicht kapitalistischen Partei zu sprechen und versuchten, sie mit militanten, ja sogar revolutionären Vorgängen vor allem in der dritten Welt zu identifizieren. Ihr Führer war ein junger Mann namens Peter Hain, ein weißer Südafrikaner mit all den psychologischen Attributen, die so oft bei denen zum Ausdruck kommen, die mit der Ideologie des südafrikanischen Herrschaftssystems gebrochen haben. Bei mir kam es zum Bruch nach einer Einladung der Jungliberalen an die PLO, einen Sprecher zu entsenden, der auf ihrer Jahrestagung sprechen sollte, und das alles zu einer Zeit, als der PLO-Terrorismus sich auf einem Höhepunkt befand. Ich schrieb Thorpe, daß man entweder Hain und diejenigen, die wie er dachten, auffordern solle, die Partei zu verlassen, oder ich hätte keine andere Wahl, als auszutreten. Thorpe reagierte nicht auf meinen Brief, und ich legte nach einer Frist meinen örtlichen Parteiposten ordnungsgemäß nieder.

In den darauffolgenden Jahren hielt ich mich von jeder Politik fern. Dann, im Februar 1974, verlor Edward Heath bei den Wahlen, zu denen wegen des Bergarbeiterstreiks aufgerufen worden war, und forderte die Liberalen auf, sich ihm anzuschließen, um zu verhindern, daß eine Labour-Regierung an die Macht kam. Allem Anschein nach war Thorpe von dem Angebot angetan – seit Beendigung der Kriegskoalition Winston Churchills waren keine Liberalen mehr an einer Regierung beteiligt gewesen –, und ich versuchte über Freunde, die noch in der Liberalen Partei waren, klarzumachen, daß es richtig sei, jetzt mit Heath handelseinig zu werden. Aber natürlich war die Mehrheit der Partei gegen ein Zusammengehen mit den Konservativen. Harold Wilson bildete daraufhin eine Labour-Minderheitsregierung und bemühte sich gegen Ende des Jahres um eine überzeugende Mehrheit im Land, die er auch erhielt.

In den nächsten Jahren war ich damit beschäftigt, ein Projekt voranzutreiben, das schon unter Heath in Angriff genommen worden war – eine neue Universität in England, die unabhängig von Geldern des Staates sein sollte. Unabhängige (oder „private“) Erziehung und Ausbildung war in meinen Augen ein Prüfstein des Liberalismus – wenn dem Staat auf irgendeiner Ebene ein Erziehungs- und Ausbildungsmonopol verliehen wird, wird ein Element der Freiheit verleugnet. Einige Liberale unterstützten dieses Projekt (heute das University College in Buckingham) als Einzelperson – in einem Fall eine entscheidende Hilfe finanzieller Art –, aber die Liberalen als Partei zeigten kein Interesse, nicht einmal Grimond, der doch dem klassischen Liberalismus ideologisch verpflichtet war. Ich lernte für mich daraus, daß politisch die wirkliche Unterstützung bei den Konservativen zu finden war. Tonangebend in ihrer Begeisterung waren Margaret Thatcher, die unter Heath das Bildungsministerium leitete, und Sir Keith Joseph, der es unter ihr leiten sollte, als sie Premierminister war.

Diese Tatsache hatte große praktische Bedeutung. Shirley Williams, Bildungsministerin in der Labour-Regierung, war eine entschiedene Gegnerin aller unabhängigen Erziehungspläne, und sie ist es noch immer, auch wenn sie inzwischen nominell zu den abgespaltenen Sozialdemokraten gehört. Man tat alles, um einen Erfolg für das University College in Buckingham so schwer wie möglich zu machen. Mir war daher klar, daß nur ein Erfolg der Konservativen bei der nächsten Wahl das Projekt retten konnte, auch wenn sich theoretisch viel dafür anführen ließ, unabhängig zu bleiben. Ich nahm deshalb den Vorschlag an, mich um die Mitgliedschaft in der Konservativen Partei zu bewerben, beteiligte mich im kleinen Rahmen an der 1979er Wahlkampagne und wurde dann, nach meinem Rückzug von den hochschulbedingten Aufgaben Anfang 1980, zunehmend aktiver.

Die Liberalen hatten inzwischen einen Kurs eingeschlagen, der eine Aussöhnung mit ihnen ohnehin ausgeschlossen hätte. Es trifft zu, daß die Jungliberalen, die den Bruch in erster Linie verursacht hatten, feststellten, daß die Liberale Partei als kleine Oppositionspartei ihnen nicht viel zu bieten hatte, und sie verließen. Peter Hain ist mittlerweile angehender Labour-Kandidat und wird zum extrem linken Flügel der Labour Party gerechnet. Aber die Ironie all dessen ist Thorpe vielleicht entgangen, der 1976 gezwungen wurde, die Parteiführung aus persönlichen Gründen abzugeben.

Thorpes Nachfolger, David Steel, ist ein ganz anderer Politiker. Soweit sich feststellen läßt, würden seine Ansichten es ihm ohne weiteres ermöglichen, einen Platz in einer Labour Party einzunehmen, die nicht von den Linken beherrscht wird; er hat einen Hang zum Kollektiven, weniger zum Individuellen. Er ist außerdem darauf bedacht, sich Macht anzueignen und sie auszuüben, spürt aber, daß sich das nur bewerkstelligen läßt, wenn er weitere Verbündete auf dem linken Flügel findet. Das erste Anzeichen für diese Einlassung war die Abmachung, die 1978/79 zur Unterstützung der Regierung Callaghan durch die Liberalen führte. Das zweite war der Kampf, den er geführt hat, um eine umfassende Allianz mit den „Sozialdemokraten" sicherzustellen, der abgespaltenen Gruppe der Labour-Sozialisten um Roy Jenkins.

Da die Sozialdemokraten von Personen geführt werden, die unter Wilson und Callaghan ein Amt bekleidet und ihre Vergangenheit nicht geleugnet haben, enthält das Bündnis die Aufgabe eines wesentlichen Bestandteils des liberalen Glaubensbekenntnisses. Es ist nur möglich, weil Steel inzwischen durch eine Liberale Partei im Land gestützt wird, die erneut von Elementen der Linken durchsetzt worden ist, so daß sie zum Beispiel in der Frage der nuklearen Abrüstung sogar noch links vom sozialdemokratischen Partner steht. Britische Liberale waren für Liberale vom europäischen Festland schon seit jeher fragwürdige Partner, aber noch nie so sehr wie im Moment. Wenn ich je an der Richtigkeit meines Entschlusses gezweifelt habe, die Liberale Partei zu verlassen, so sind diese Zweifel längst ausgeräumt. Die Liberale Partei Großbritanniens ist ein sehr schwaches Glied bei der praktischen und ideologischen Verteidigung der westlichen Freiheit. Wo es um Großbritannien geht, haben diejenigen, die liberalen Werten eine Bedeutung beimessen, keine andere Wahl, als die Konservativen zu unterstützen, selbst wenn es ihnen hier und da schwerfallen wird, bestimmte politische Maßnahmen oder Verhaltensweisen zu akzeptieren.

Wirft man einen Blick zurück in die Geschichte, erkennt man, daß das, was der britischen Liberalen Partei widerfahren ist, nicht ohne Verbindung zu ihren Ursprüngen und der Entwicklung im Anfang steht. Anders als viele liberale Parteien vom europäischen Festland entstand sie nicht als Gegner quasi-feudaler politischer Hierarchien der Ansprüche der Religion. Sie war der Ausdruck einer Mittelschicht, oft mit einer eigenen stark empfundenen religiösen Bindung, und glaubte an die Tugend des „Selbstvertrauens", weniger an die väterliche Fürsorge des Staates. Viel Kraft wurde darauf verwendet, das Wahlrecht zu erweitern und verschiedene Formen der Benachteiligung zugunsten der etablierten Kirche und der politischen Macht des Grundbesitzes abzuschaffen. Die offenkundigste politische Folge des Liberalismus der Mitte des 19. Jahrhunderts war die Verpflichtung zum freien Handel – nicht nur als Gegenstück zum binnenländischen *laissez-faire,* sondern auch, weil man glaubte, der freie Handel sei die beste Garantie für den Frieden. Die Liberalen waren häufig die Friedenspartei.

Im letzten Jahrzehnt des 19. Jahrhunderts kam eine veränderte Situation auf. Infolge der Ausweitung des Wahlrechts wurde es notwendig, sich um die Wähler der Arbeiterklasse zu bemühen, während das liberale Gewissen gleichzeitig durch das Schauspiel der nach wie vor grassierenden Armut vieler geplagt wurde. Der neue Liberalismus war somit der Schöpfer des Wohlfahrtsstaates, das heißt der Urheber jenes Vorgangs, mit dem der Staat das übernahm, was bis dahin in der Verantwortung der lokalen Stellen gelegen hatte, und das, um die schlimmste Not zu vermeiden; ferner wurde der Liberalismus in zunehmendem Maß zum Beschaffer von Diensten. In der Außenpolitik enthielt er sowohl ein stark pazifistisches wie auch antiimperialistisches Element und die handfesteren Grundlagen, die Großbritannien schließlich ohne viel Widerspruch in den Krieg von 1914 gegen Kaiser Wilhelm II. zogen.

Es wird manchmal behauptet, daß der britische Liberalismus ohne diesen Krieg seine Stärke eventuell hätte halten können und nicht als wichtigste Partei der Veränderungen durch die Labour Party hätte abgelöst werden müssen, die sich in seinem Schatten als der politische Ausdruck der Gewerkschaftsbewegung entwikkelt hatte. Nachdem die Labour Party den Platz der Liberalen als eigentliche Oppositionspartei zu den Konservativen eingenommen hatte, sahen sich die Liberalen der Aufgabe gegenüber, den Nachweis zu erbringen, daß es einen „dritten Weg" gab, und ihn den Wählern schmackhaft zu machen. Bei einem Verhältniswahlsystem hätten sie vielleicht mit Erfolg einen Anteil an der Macht erzwingen können, wie später in der Bundesrepublik, aber ohne dieses System standen die Chancen schlecht.

Bei ihrer Suche nach einer neuen Rolle verloren die Liberalen dann die wichtigsten Kriterien liberaler Weltanschauung aus den Augen. Dadurch daß sie die Notwendigkeit mehr staatlicher Maßnahmen anerkannten, übersahen sie das Ausmaß, in welchem das Gefühl für die Eigenverantwortung untergraben werden konnte, auf dem eine liberale Wirtschaft und eine liberale Gesellschaft basieren müssen. Sie sahen bereitwillig mit an, wie die Entscheidungsmöglichkeiten abgetragen wurden. Sie bewahrten sich zwar die Fähigkeit, die Friedenspartei zu bleiben, mißachteten aber das in den internationalen Beziehungen so wichtige Machtelement und öffneten sich den Verlockungen der Einseitigkeit. Insbesondere übergingen sie, in welchem Umfang das Aufkommen des Sowjet-Kommunismus die Bedingungen des internationalen Systems auf Dauer verändert hatte. Abgesehen von einer gewissen Vorliebe für Maßnahmen im Rahmen der regionalen und lokalen Erbfolge waren sie bald kaum noch von den Gemäßigten der Labour Party zu unterscheiden.

Da die Labour Party noch immer die Unterstützung der Gewerkschaften und damit die Stimmen der Mehrheit ihrer Mitglieder hat, beruhen die Wahlhoffnungen des Bündnisses zwischen Liberalen und gemäßigten Sozialdemokraten darauf, die Stimmen der Konservativen an sich zu ziehen, die mit der scharfen Gangart der gegenwärtigen konservativen Parteiführung nicht einverstanden sind. Ihr Erfolg würde daher der Labour Party wieder zur Regierungsmacht verhelfen. Wenn die Linke nicht mit einer eindeutigen Mehrheit siegt, wird sie die liberale Unterstützung ohne jede Frage verlieren, wie in den Tagen Callaghans. Falls sie jedoch eine eindeutige Mehrheit erringt, was statistisch wahrscheinlicher ist, kann sie ungehindert ihre eigene Politik verwirklichen, die größtenteils völlig illiberal ist. Da beide Aussichten jemanden, dem die liberalen Werte noch etwas bedeuten, und der außerdem ein überzeugter Europäer ist, nur erschrecken können, ist mein gegenwärtiges Eintreten für die Konservativen als uneingeschränkt und endgültig zu betrachten.

Jean François Revel

Frankreich und der Liberalismus

Brief aus Paris

Wenn man sich fragt, ob es eine liberale Philosophie und Liberale in Frankreich gibt, muß man zuallererst beachten, daß „Liberalismus“ eines der verschwommensten Wörter des politischen und wirtschaftlichen Vokabulars ist. In den Vereinigten Staaten nennt man Liberale die Anhänger einer massiven Umverteilung des Volkseinkommens, verbunden mit großen Haushaltsdefiziten und vielfältigen Reglementierungen der Industrie. Die Europäer würden jene Liberalen den linken, beinahe mit den Marxisten sympathisierenden Sozialdemokraten zurechnen. In Frankreich dagegen ist „Liberalismus“ eng mit der Idee der Marktwirtschaft, ja der „wilden“ Konkurrenz, des kaptialistischen „Dschungels“, das heißt mit einer rechten Idee verknüpft. Diese Vorstellung wurde von einem Jahrhundert sozialistischer Ideologie hervorgebracht, da die Liberalen im 19. Jahrhundert nun einmal genau das Gegenteil waren: Während der Restauration waren sie diejenigen, die, nach Benjamin Constant, gegen die autoritäre Monarchie, das begrenzte Wahlrecht, die vorhandenen Beschränkungen der Pressefreiheit wie auch des Handels und der Industrie stritten. Im 20. Jahrhundert hat es nie eine explizit „liberale“ Partei in Frankreich gegeben: in Italien, in Großbritannien, in Deutschland (es ist jedoch anzumerken, daß in der deutschen Bezeichnung *Freie Demokratische Partei* das Wort „liberal“ nicht auftaucht) gibt es eine, die diese Bezeichnung trägt, nicht in Frankreich. Es existiert eine liberale Vereinigung im Europaparlament, aber die ihr angehörende Gruppe der französischen Abgeordneten, die U.D.F. Valéry Giscard d’Estaings

(„Union pour la démocratie francaise"), nennt sich nicht mehr liberal, wenn sie auf die französische politische Bühne zurückkehrt, wie jene Rennpferde, die in Belgien einen anderen Namen tragen als in Frankreich.

Es ist bezeichnend, daß einer der größten modernen Theoretiker des Liberalismus, Alexis de Tocqueville, der sofort einen ungeheuren intellektuellen Einfluß auf seine Zeit ausübte, im 20. Jahrhundert relativ wenig gelesen wurde. Seit ungefähr 30 Jahren hat sich eine „Rückkehr zu Tocqueville" vollzogen, sie bleibt jedoch auf Soziologen und Historiker beschränkt, ohne das große Publikum zu erreichen. *Die Demokratie in Amerika* ist von den französischen Studenten in den letzten 20 Jahren sicherlich unendlich viel weniger gelesen worden als Herbert Marcuse oder das kleine rote Buch von Mao.

Kann man sagen, daß die französische Zivilisation für den liberalen Geist besonders unempfänglich ist? Wenn man an der wirtschaftlichen, politischen und kulturellen Implikation des Liberalismus festhält, wird man sich auf eine Minimaldefinition einigen: Die Liberalen sind diejenigen, die empfehlen, das Eingreifen des Staates in das Funktionieren der bürgerlichen Gesellschaft auf das streng Notwendige zu beschränken und der freien Wahl der Individuen, aus denen diese bürgerliche Gesellschaft zusammengesetzt ist, all das zu überlassen, was nicht unmittelbar durch die öffentliche Gewalt geregelt zu werden braucht. Mein Ziel ist hier nicht zu entscheiden, ob diese Doktrin richtig ist, sondern nur zu untersuchen, ob sie in Frankreich durch nennenswerte und einflußreiche politische Kräfte und kulturelle Strömungen vertreten ist.

Ein Blick auf die Geschichte des früheren und des heutigen Frankreichs zwingt, dies zu verneinen. Die Liberalen haben im französischen politischen Leben immer eine marginale oder kurzlebige Rolle gespielt. Die Präsidentschaft Giscard d'Estaings, dessen „fortschrittlicher Liberalismus" in Wirklichkeit eine nichtoffizielle Form der Sozialdemokratie darstellte, wollte eine Gegenströmung zur gaullistischen Rechten wie zur sozialistischen und kommunistischen Linken sein. Am Ende der siebenjährigen Amtszeit hat die zweite Regierung Barre, nach den Parlamentswahlen vom März 1978, versucht, die Wirtschaftspolitik auf „weniger Staat“ und „mehr Markt“ hin auszurichten: Abschaffung der Preiskontrollen, liberale Philosophie der industriellen Neuentfaltung, Einschränkung der Kredite und Subventionen an die öffentlichen Unternehmen. Abgesehen von dieser kurzen Episode stellt man dieselbe Tendenz der Rechten und der Linken in Frankreich fest, die Rolle des Staates bei der Verwaltung der bürgerlichen Gesellschaft immer mehr auszudehnen. Diese Übereinstimmung reicht weit zurück: Es ist eben Tocqueville, der in seinem *Der alte Staat und die Revolution* zeigt, daß die Jakobiner die säkulare Entwicklung der Monarchie zum bürokratischen zentralisierten Staat vollendet haben.

Wenn wir die verflossenen 50 Jahre betrachten, stellen wir fest, daß der Staat nicht aufgehört hat, seinen Einfluß in den drei fundamentalen Bereichen Wirtschaft, Erziehung und Information immer weiter zu vergrößern. Es hat Phasen des Stillstands, kleine Rückschritte, Modifikationsversuche, zahllose Gesetzestexte ohne praktische Konsequenz gegeben, aber der allgemeine Marsch der französischen Nation in Richtung auf die Übergabe der Macht im Wirtschafts-, Kultur- und Informationssektor an die Verteidiger der politischen Gewalt hat sich unaufhörlich fortgesetzt. Und zwar sowohl unter sozialistischen Regierungen – ganz gleich, ob sie mit den Kommunisten verbündet waren oder nicht – wie auch unter christlichdemokratischen oder gaullistischen Regierungen. Der einzige Faktor, der der Ausbreitung des französischen Staates ein wenig entgegengewirkt hat, war ein äußerer: die Gründung des Gemeinsamen Marktes. Indem Frankreich sich einer internationalen Freihandelsgemeinschaft anschloß, war es zum Wettbewerb, zur Marktwirtschaft gezwungen, deren Hebel sie nicht mehr alle bedienen konnte. Es ist aber für niemanden ein Geheimnis, daß es der glühendste Wunsch der Kommunisten und eines Teils der Sozialisten ist, zum Protektionismus der Vorkriegszeit zurückzukehren, genannt *Zurückeroberung des Binnenmarktes*. Vergessen wir nicht, daß einige der zentralistischsten Strukturreformen des Vichy-Regimes nach der Befreiung gutgeheißen wurden, vor allem die Verstaatlichung der audiovisuellen Kommunikationsmittel (1941) und die Schaffung von Fachausschüssen, die es jedem Industriezweig erlauben sollten, seine Produktion in Übereinstimmung mit den Regierungsgewalten festzusetzen.

Übrigens ist es eine Tradition, daß die heftigsten Angriffe gegen den Liberalismus ebenso aus dem Lager der extremen Rechten wie dem des Sozialismus kommen. Vor dem Krieg, man erinnert sich heute viel zu wenig daran, war die bekannteste Kritik am Liberalismus diejenige der Action française und ganz besonders die von Charles Maurras, deren Echo Mussolini und Hitler in ihren jeweiligen Ländern darstellten. Diese Tradition setzt sich heute in dem fort, was man seit einigen Jahren die *Neue Rechte* nennt. Für sie bleiben die Vereinigten Staaten der Hauptfeind, und die Zeitschrift der Bewegung, *Eléments,* (Nr. 43, Oktober/November 1982) hat kürzlich den sozialistischen Kulturminister Jack Lang verteidigt, der die amerikanische Zivilisation und Kultur mehrmals heftig angegriffen und damit zahlreiche negative Reaktionen hervorgerufen hatte. Natürlich gehören der *Neuen Rechten* nur wenige Personen an, aber die feindliche Einstellung gegenüber dem Liberalismus geht über dieses Grüppchen weit hinaus, sie erstreckt sich bis zu rechten Mitte und zur Mitte.

Wenn die Opposition in Frankfreich heute keine Programm hat, so deshalb, weil sie es nicht wagt, das einzige Programm für sich in Anspruch zu nehmen, das sich der staatlichen Sozialisierung entgegenstellen kann, nämlich eine liberale Politik und eine liberale Wirtschaft. Und sie wagt es nicht, weil die Rechte, die Gaullisten, die Gemäßigten eine beinahe ebenso dirigistische Tradition haben wie die Sozialisten.

Die amerikanische Debatte

Robert Nisbet: **Liberalismus und der Drang nach Macht.** Eine amerikanische Kritik / Arthur M. Schlesinger jr.: **Der heimliche Sinn der Konservativen für das Liberale.** Die USA vor der Wende / David Spitz: **Der wahre Liberalismus.** Gedanken über die Freiheit und ein ‚Credo für Liberale'

Robert Nisbet

Liberalismus und der Drang nach Macht

Eine amerikanische Kritik

Der führende amerikanische Soziologe macht kurzen Prozeß. Seine historisch angelegte Analyse führt ihn zu dem Schluß: Der Liberalismus, wie wir ihn im 20. Jahrhundert verstanden haben, ist bereits auf dem Weg in den Papierkorb der Geschichte

Wie, so fragt man sich, konnte es soweit kommen, daß sich der Liberalismus nach zwei Jahrhunderten in einem so offensichtlich desolaten Zustand befindet? Im gegenwärtigen liberalen Gedankengut gibt es zwei leicht berechenbare Tendenzen. Die eine hat mit Macht zu tun, die andere mit Freiheit, die an die Grenzen des Erlaubten reicht. Die amerikanischen Liberalen sind zuallererst die eingeschworenen Verfechter jener Art von Macht, wie sie im Nationalstaat zum Ausdruck kommt. Sie sind überglücklich, wenn etwas aus dem privatwirtschaftlichen oder sozialen Feld in den Geltungsbereich der Washingtoner Bürokratie gelangt. Sobald sie etwas sehen, das groß und privat ist, lechzen sie nach dessen Verstaatlichung.

Gleichzeitig aber sind sie seltsamerweise als aufgeklärte vorausblickende Progressive bestimmten Arten der Freiheit im moralischen und gesetzlichen Bereich gewogen, ja sogar deren eifrige Verfechter. Sie sympathisieren mit dem „Räuber“, nicht mit dem Opfer. Überhaupt ist das einzige Opfer, mit dem Liberale sich identifizieren, das, wie sie es nennen, „Opfer der Gesellschaft“, einer Gesellschaftsordnung, die um der Gleichheit willen noch nicht völlig politisiert ist. Es gibt nichts, das so schlüpfrig oder pornographisch wäre, als daß amerikanische Liberale es nicht unter Berufung auf die im ersten Verfassungszusatz garantierte „freie Meinungsäußerung“ verteidigen würden. Emanzipierte Frauen, Homosexuelle, Lesbierinnen, Kokainschnupfer, Mitglieder der terroristischen Jugendorganisation Weatherman und mehrfach verurteilte Gewaltverbrecher, die es verstehen, bewegende Briefe aus dem Gefängnis zu schreiben, sie alle genießen Sympathie und Unterstützung. Der Liberale, der die politische Macht liebt, ist automatisch gegen jede moralische Bevormundung.

Um diese Haltung zu erklären, muß man bis zu den Ursprüngen des Liberalismus im 18. und 19. Jahrhundert vor allem in England und Frankreich zurückgehen. Sie sind ihrem Wesen nach eindeutig zwiefältig. Auf der einen Seite haben wir den Liberalismus, der am bekanntesten durch die Schriften von Adam Smith und die „Gründungsväter“ in Amerika wurde, und am erinnernswertesten vielleicht durch John Stuart Mill. Einer der späteren Exponenten war Herbert Spencer. Das eigentliche Schwergewicht dieser liberalen Schule lag auf der Freiheit des einzelnen vor dem Staat, vor anderen Arten der Tyrannei oder sonstiger möglicher Willkür, wenn das notwendig war, worunter das Patriarchat, die öffentliche Meinung, Schulen und Wirtschaftsunternehmen fielen, vor allem aber die Regierungspolitik, und sie insbesondere, ging es um die Wirtschaft. Das wird allgemein als der klassische Liberalismus bezeichnet, dessen Motto das von den liberalen Physiokraten Frankreichs entliehene *laissez-faire* oder *laissez-aller* wurde.

Aber auf der anderen Seite des Ärmelkanals gab es den Liberalismus der Aufklärung, der seinen Höhepunkt in der zweiten Hälfte des 18. Jahrhunderts in Frankreich erreichte. Die französischen Liberalen interessierte weniger der Staat, als die

Ansammlung geschichtlich gewachsener Machtgruppierungen, welche die gesellschaftliche Ordnung darstellten. Die gesellschaftliche Macht war es auch, die den mißbilligenden Blick des *philosophe* auf sich zog: die Macht der patriarchalischen Familien, der Zünfte, des Adels, der alten Kommune, vor allem aber die der Kirche in ihren vielfältigen Verästelungen. Die *philosophes* verabscheuten diese Schicht und versuchten mit allen Mitteln, sie zu vernichten. Ihnen gefiel zwangsläufig nicht, was sie bei der französischen Regierung sahen, jedenfalls nicht das, *was* sie sahen. Doch sie waren imstande, klar zwischen der Prunksucht der Monarchie zu unterscheiden, die sie nicht mochten, und der wirklichen Macht des politischen Staates, dem sie sehr zugetan waren. Selbst die Physiokraten sahen, auch wenn sie dem Ideal einer natürlichen Wirtschaftsordnung verpflichtet waren, die Staatsmacht als unerläßlich an in den Wirren, die sich aus den sozialen Behinderungen dieser natürlichen Ordnung ergaben, von denen es im *ancien régime* einige gab, von so „feudalen" Einrichtungen, wie dem Erstgeburtsrecht und der unveräußerlichen Erbfolge, über die *levées* und Zünfte bis zu den privilegierten Handelshäusern. Das Wesen dieser Schule des Liberalismus war mit einem Wort der *étatisme,* die Planwirtschaft, und die wichtigen politischen Kräfte der Aufklärung und dann der Revolution erkannten es auch als solche.

Frankreich, *une et indivisible,* der Gottheit Tugend gewidmet, welche die Jakobiner ohne zu ermüden verehrten, und von allen haßerfüllten Resten des Feudalismus befreit, konnte nur durch die umfassende Macht des Staates Wirklichkeit werden. Aus diesem Grund befaßte man sich auf den 1790 beginnenden Versammlungen und Revolutionskomitees fortwährend damit, Gesetze zu verabschieden, die einerseits so viele mächtige gesellschaftliche Gruppen auslöschten, andererseits neue politische Machtgruppierungen schufen, die sich alle in Paris konzentrierten. Somit gab es bei den französischen Liberalen eine zweigeleisige Ideologie, die zwar einen starken, zentralisierten Nationalstaat unterstützte, aber im moralischen und gesellschaftlichen Bereich ein beträchtliches Maß an *laissez-faire* und individueller Ausprägung zuließ. Das Ergebnis wurde sehr eindrucksvoll an der napoleonischen

Gesellschaft sichtbar, die sich direkt aus der Revolution und ihren Werken entwickelte. Die von den Jakobinern geplante Zentralisierung kam im verbeamteten napoleonischen Militärstaat voll zum Tragen; die Staatsmacht war allgegegenwärtig. Aber Seite an Seite mit der autoritären Politik existierten eine allgemeine Freizügigkeit, Korruption, Sittenlosigkeit und moralischer Verfall, die durchaus an die Zustände herankamen, wie man sie noch vom höfischen Leben der Bourbonen kannte.

Eine kleine Gruppe französischer Denker erkannte, was diese Kombination tatsächlich bedeutete; der angesehenste unter ihnen war Tocqueville, aber auch Lamennais, Montalembert und Lacordaire gehörten dazu. Wie schon die Traditionalisten während der Revolution sahen auch sie, daß das, was da geschaffen wurde, ein allmächtiger Staat der Massen war. Der bei weitem beredteste Verfechter dieses Staates war Tocqueville. Freiheit kann in einer Demokratie nur auf der Grundlage einer starken moralischen, religiösen und sozialen Ordnung bestehen, einer Ordnung, die über einen umfangreichen Machtapparat verfügt. Genau das gleiche gilt für eine wirklich geistige und künstlerische Zivilisation. Nur wenn vordemokratische und vorliberale Maßstäbe und Kriterien sich halten, werden die Zivilisation und die demokratische Gesellschaft gesund bleiben. Aber wie Tocqueville auch wiederholt hervorhob, muß gerade die demokratische politische Macht mehr und mehr zentralisiert und bürokratisiert werden und im Verlauf dieses Prozesses die vordemokratischen sozialen und kulturellen Schichten abtragen, was letztlich zum plebiszitären, absoluten, allesbeherrschenden Staat führt, der über ein Riesenheer machtloser Einzelpersonen gebietet, die selbstsüchtig, raffgierig und hedonistisch geworden sind. Es spricht alles dafür, Tocqueville einen Liberalen zu nennen – Freiheit war seine ganze Leidenschaft –, doch besteht ein gewaltiger Unterschied zwischen dem Liberalismus Tocquevilles und den beiden Formen, wie sie im *laissez-faire* und der Planwirtschaft zum Ausdruck kommen.

Diese beiden Arten des Liberalismus sollten im Westen im gesamten 19. und frühen 20. Jahrhundert unvereinbar nebeneinanderstehen. In den Vereinigten Staaten und England herrschte im wesentlichen der Geist vor, für die Freiheit des einzelnen einzutreten, den Mill in seinem „ganz einfachen Grundsatz" berühmt gemacht hatte, daß nämlich der Staat nur dann in die Gedanken und das Verhalten eines Individuums eingreifen dürfe, wenn sich nachweisen läßt, daß diese Gedanken und das Verhalten das Dasein anderer in der Gesellschaft gefährden. Ein solcher Eingriff in die geistigen, erzieherischen, ästhetischen oder der Selbsterhaltung dienenden Interessen des Einzelnen läßt sich allein nicht rechtfertigen. Hier zeigte sich der Liberalismus des *laissez-faire* in vollem Glanz, und es gab Millionen Menschen in der westlichen Welt, die daraus eine richtiggehende Theologie machten. Daß der überaus kultivierte und disziplinierte Mill seinen „einfachen Grundsatz" bewußt dadurch charakterisierte, daß er die geistig Zurückgebliebenen und Schwachsinnigen, die Bedürftigen und Notleidenden davon ausnahm, all jene, die noch nicht das Zeitalter des Bürgertums erreicht hatten, alle „rückschrittlichen" Völker der Welt (die, wie Mill erklärte, für lange Zeit eines aufgeklärten Despotismus bedürften) und sogar diejenigen, deren Darlegungen über Philosophie oder Glaubensfragen öffentlichen Aufruhr verursachten, das wurde nicht annähernd so oft zur Kenntnis genommen, wie der aufsehenerregende Grundsatz selbst.

Das Netz sozialer Beziehungen

Der große Mangel dieses klassischen Liberalismus lag in seiner Unfähigkeit, die zwingende Bedeutung der *sozialen* Zusammenhänge von individueller Freiheit, *laissez-faire* und der Nichteinmischung des Staates zu erkennen. Die Betonung des Individuellen stand derart im Vordergrund, daß die sozialen Ursprünge der Individualität oftmals nicht beachtet wurden. Der klassische Liberalismus sieht nur den politischen Staat, seine Aufgaben, die sich auf diejenigen beschränken, die Adam Smith und die amerikanische Verfassung nennen, und einen riesigen, aus Individuen bestehenden Haufen. Anders als bei Tocqueville wird kaum oder überhaupt nicht das Netz sozialer Beziehungen anerkannt, die zwischen Individuum und Staat bestehen, Beziehungen, die nicht nur als Puffer gegen den Staat dienen, sondern auch als Nährboden für moralische und soziale Merkmale, für Disziplin und Anreize, die sich im menschlichen Verhalten ausdrücken.

Zwei mächtige Ströme mit Gedanken des 19. Jahrhunderts ziehen sich bis ins 20. Jahrhundert; der eine das Ergebnis des radikalen Individualismus Mills, der andere ein Vermächtnis der französischen Aufklärung und Französischen Revolution. Zusammengenommen stellen sie den heutigen Liberalismus dar. Der erste Strom manifestiert sich in Amerika in Bewegungen aus dem frühen 20. Jahrhundert, wie der sexuellen Befreiung, dem Aufstand gegen das Dorf und die Kleinstadt, der fortschrittlichen Erziehung, liberaler Theologie, der Einführung von Wahlfächern in den Colleges und den modernen und futuristischen Strömungen in der Kunst. Die neue amerikanische Literatur jener Zeit – Dreiser, Cabell, Fitzgerald, O'Neill, Masters und Mencken, um nur einige zu nennen – befaßte sich eingehend mit der Befreiung des Einzelnen, aber nicht mit der von den Fesseln des politischen Staates, sondern von den Fesseln der Familie, der dörflichen Gemeinschaft, der Kleinstadt und der Kirche. Die „wilden Zwanziger" waren beiderseits des Atlantiks kulturell durchaus vom Ausbruch des Ersten Weltkriegs geprägt. „Greenwich Village", die Boheme New Yorks, wird noch lange als das klassische Symbol für diesen Drang zur individuellen Befreiung von den traditionellen moralischen und gesellschaftlichen Zwängen gelten. Vom Greenwich Village der frühen 20er Jahre zum heutigen Chaos kultureller Anarchie, dem Hedonismus, Narzißmus und der allgemeinen Verhöhnung von Idolen führt ein direkter Weg, den man wohl am besten als Mills „ganz einfachen Grundsatz" bezeichnet.

Als beinahe perfekte Ergänzung ergoß sich auch der zweite Strom aus Gedanken des 19. Jahrhunderts über das Land. Das Idealbild vom Staat, der sich der Besserung der Moral des Menschen und seines sozialen Lebens widmet, das aus der französischen Aufklärung stammte und während der Französischen Revolution große Beliebtheit genoß, war zu Beginn des 20. Jahrhunderts das vollkommene Gegenstück zum moralischen

Individualismus, der die Kunst und das Leben beherrschte. Denn diese Vision vom politischen Staat forderte keine Ansammlung sozialer Machtgruppierungen, keine Hierarchie kultureller Gebote, sondern vielmehr eine grundsätzlich atomisierte Bevölkerung, in der institutionelle Mitbewerber um die Macht des Staates entweder ausgeschaltet oder geschwächt wurden. So drücken die Schriften Thorstein Veblens, John Deweys und vieler anderer die sich ausbreitende Forderung nach dem interventionistischen Staat aus, dem Beschaffungsstaat im amerikanischen Leben. Herbert Croly sorgte für Aufregung unter den Intellektuellen Amerikas, als er eine neue „Verheißung" amerikanischen Lebens proklamierte, in der ein neuer Nationalismus an die Stelle des bisherigen Pluralismus treten sollte, und ein neuer und demokratischer Kollektivismus Front gegen die individualistischen Wertvorstellungen machen würde, die Croly in einer Industriegesellschaft für veraltet hielt. Wie immer der „Neue Liberalilsmus" von seinen Anhängern gedeutet wurde, stets stand ein Aspekt im Mittelpunkt: der politische Staat. Es wurde sehr viel Wert auf soziale Gerechtigkeit, soziale Verantwortung, soziale Kontrolle, soziale Rechte und soziale Wohlfahrt gelegt, doch im konkreten Fall lief all das immer wieder auf die Politik hinaus und erwies sich als untrennbar mit dem Staat verbunden.

Der ‚Neue Liberalismus'

Philosophen, Soziologen und Staatswissenschaftler lieferten das Gerüst für den Neuen Liberalismus, aber das schnelle Umsetzen vom Alten auf das Neue ist ohne den Hinweis auf zwei außergewöhnliche politische Führer Amerikas unverständlich: Woodrow Wilson und Franklin D. Roosevelt. Wilson ist von den beiden der Schöpferische. Lange bevor er zur Politik kam, verehrte er bereits den Staat, so wie seine Vorfahren die kalvinistische Kirche verehrt hatten. Der Dienst am Vaterland und der Dienst des Vaterlandes für seine Bürger war ein Gedanke, der Wilson nicht losließ, und sein berühmtes „Princeton im Dienste der Nation", als er Präsident dieser Universität war, entsprang weniger seiner Liebe zu Princeton als der zu seinem Land. Da er selbst Wissenschaftler und Professor war, übte er vielleicht zwangsläufig eine Faszination auf die Intellektuellen aus, die alles übertraf, was man seit wenigstens hundert Jahren erlebt hatte. Seine Reisen quer duch Amerika, die mit seiner Berufung nach Princeton begannen, brachten den wortgewaltigen, geschliffenen Redner in Berührung mit zahllosen Hochschullehrern, Wissenschaftlern und anderen Intellektuellen.

Nur ein Wilson konnte 1917 die Mehrheit dieser drei Gruppen für eine Unterstützung des amerikanischen Eintritts in den Krieg in Europa gewinnen. Mehr als alle amerikanischen Präsidenten vor ihm politisierte Wilson den akademischen Berufsstand. Das erreichte er dadurch, daß er ihn in alle Ecken und Winkel jenes kriegführenden Staates einschleuste, den er im Interesse eines Sieges in Übersee schuf. Es war eine Kriegsmaßnahme, kein sozialistischer Programmpunkt, daß über Nacht Arbeiterräte in der Industrie auftauchten, daß Betriebe, Fabriken sowie das Nachrichten- und Verkehrswesen unter direkte, zentrale Leitung der Regierung gestellt, daß in den Fabriken und Büros Gesundheits- und Sicherheitsmaßnahmen eingeführt, und daß auf Wilsons Geheiß Notstandsgesetze in einer wahren Flut erlassen wurden, dank denen Nahrungsmittel an alle Amerikaner verteilt wurden. Zusätzlich zu diesen Maßnahmen führte Wilson eine rigorose Zensur ein, setzte zum Teil die Habeas Corpus Akte außer Kraft, ließ die verhaßten Aufständischengesetze wieder anwenden und ordnete die strafrechtliche Verfolgung von Eugene Debs, Max Eastman und anderen an, die gegen den Kriegseintritt protestiert hatten. Das wurde von den Liberalen fraglos verstanden, die Wilson auch folgten, was allerdings keine dauernden Auswirkungen hatte.

Als der Erste Weltkrieg endete, wurde sehr bald fast der gesamte bürokratische Apparat abgebaut, der den aus dem Krieg geborenen humanitären Maßnahmen der Politiker zum Erfolg verholfen hatte. Aber sowohl die amerikanische Gesellschaftsordnung wie der amerikanische Liberalismus hatten eine dauerhafte Änderung erfahren. Die bloße Macht und Intensität der Kriegsanstrengungen unter Wilson bewirkten historisch eine ganz erhebliche Entwertung von Lokalpatriotismus, Regionalismus und Dezentralisierung. Sie würden nie mehr im alten Glanz der Zeit von vor dem Ersten Weltkrieg scheinen. Außerdem kam es zu einer unwiderruflichen Veränderung der liberalen Geisteshaltung, insbesondere bei den Akademikern. Zum erstenmal seit vielen Jahrzehnten wurde diese Haltung „demokratisch", genauer gesagt, zunehmend sozialdemokratisch. Der alte Liberalismus starb nicht über Nacht, aber rückblickend kann man erkennen, daß der Neue Liberalismus mit dem Beschaffungsstaat als Dreh- und Angelpunkt Ende der 20er Jahre die Führung übernommen hatte.

Franklin D. Roosevelt, der unter Präsident Wilson als höherer Beamter gedient hatte und einer seiner großen Bewunderer war, hat, als er 1933 in den Wirren der wirtschaftlichen Depression sein Amt antrat, vielleicht gar nicht mehr als die versprochenen 25 Prozent am Bundeshaushalt und der Beamtenschaft kürzen wollen. Aber er war ein hervorragender Improvisator, und innerhalb eines Jahres wurden zahlreiche Behörden, die im Ersten Weltkrieg unter welchem Namen auch immer bestanden hatten, zu neuem Leben erweckt, was in seiner Gesamtheit am Ende den Namen *New Deal* bekam. Burke hatte 1790 von den „neuen Händlern", den „new dealers", geschrieben, die unablässig mit dem Vermögen und Leben der französischen Bürger spekuliert hatten, aber 1933 gab es wohl kaum einen Liberalen, der Burke gelesen hätte. 1936 bedeutete Liberalismus in Amerika wenig mehr als die Förderung neuer Regierungsämter, wie der NRA (National Recovery Administration), AAA (Agricultural Adjustment Administration), PWA (Public Works Administration) und CCC (Civilian Conservation Corps), alle ausnahmslos Werkzeuge der bürokratischen Invasion der sozialen und gesellschaftlichen Ordnung. Die faszinierende Persönlichkeit Wilsons hatte die ersten Schritte zur Veränderung des amerikanischen Liberalismus getan; die vielleicht noch schillerndere Person Roosevelts machte daraus einen dauerhaften Erfolg.

Roosevelt liebte militärische Bilder und ließ kaum eine Gelegenheit aus, die Bürger daran zu erinnern, daß der Präsident auch Oberbefehlshaber war. In seiner Antrittsrede 1933 drängte er das amerikanische Volk, „sich wie eine gut ausgebildete und treue Armee zu bewegen, die bereit ist, Opfer für das Ziel allgemeiner Disziplin zu bringen“. Er drückte seine unbedingte Bereitschaft aus, „die Führung dieser großartigen Armee des Volkes (zu übernehmen), die für einen disziplinierten Angriff bereitsteht“. In der Überfülle zentralisierter Behörden- und Ämterkollektive und nicht zuletzt dem Andrang der akademischen Intellektuellen, die nach Washington gegangen waren, um mit Verordnungen und Gesetzen „den Krieg gegen die Depression zu wagen“, hätte man schon einige Jahre vor Ausbruch des Zweiten Weltkriegs erkennen können, wie sich die Infrastruktur für diesen Krieg herausbildete. Das Bündnis zwischen den Liberalen und der Bürokratie wurde Mitte der 30er Jahre mit großem Bedacht geschmiedet, und das einzige, was man noch brauchte, um die Planwirtschaft zur neuen, fortschrittlichen Religion zu machen, war der Zweite Weltkrieg. Noch heute erinnern sich die Aktenmappenveteranen des Krieges mit Stolz und Genugtuung, wie sie von Washington aus fast alle Bereiche des Lebens in Amerika überwachten. Macht, nicht Freiheit, war zum tragenden Wert der Liberalen geworden. In diesem Punkt waren sie sich mit ihren jakobinischen Vorläufern einig. Die verhängnisvolle Verbindung Intellektueller/Industrieller/Militär wurde im Zweiten Weltkrieg ein für allemal besiegelt, und als John Kennedy 1960 sein Amt antrat, waren prominente Liberale in den Universitäten, den Stiftungen, der Regierung und selbst den Gemeinden nur allzugern bereit, erneut eine Identität anzunehmen, die in ihrem Wesen ebenso militärisch wie intellektuell war. Wie vorauszusehen war, übte das Pentagon die bei weitem größte Anziehungskraft auf die Liberalen aus, denn dort war am ehesten damit zu rechnen, daß sich etwas tat.

Wie sieht die Zukunft des Liberalismus aus? Ob wir ihn im Sinne des *étatisme* oder dem des moralischen Relativismus betrachten, er ist ohne Frage neuen Angriffen ausgesetzt. Sein historisches Eintreten für den bürokratischen Staat einerseits und das selbstbewußte Individuum andererseits wird in beiderlei Hinsicht herausgefordert. Selbst viele Liberale haben inzwischen die Wirksamkeit des Grundsatzes abnehmender Erträge zugunsten des Staates erkannt, um mit allen sozialen Problemen fertig zu werden, die wir haben, und immerhin geht mittlerweile das Schreckgespenst eines verheerenden wirtschaftlichen Zusammenbruchs um, die Folge beträchtlicher Haushaltsdefizite und der Inflation, die durch diese Defizite angeheizt wird. Und das Phänomen der neuen Linken und der bei ihr noch vorhandenen Überreste hartnäckiger moralischer Gleichgültigkeit und sogar sozialen Nihilismus' hat etliche Liberale wie auch alte Sozialdemokraten und Sozialisten abgestoßen. Es besteht außerdem die Herausforderung durch den Konservatismus oder zumindest die politische Rechte, und damit ein spektakuläres Wiederaufleben der alten Überzeugungen und traditionellen Wertvorstellungen, ja sogar des religiösen Fundamentalismus, den der Liberalismus in der Neuzeit vollkommen überwunden hatte. Es ist natürlich nur eine Spekulation, doch es erscheint unwahrscheinlich, daß der Liberalismus, wie wir ihn im Westen fast das ganze 20. Jahrhundert hindurch gekannt haben, das nächste Jahrhundert noch erlebt. Er ist bereits auf dem Weg in den Papierkorb der Geschichte.

Arthur M. Schlesinger jr.

Der heimliche Sinn der Konservativen für das Liberale

Die Vereinigten Staaten vor der Wende

Politische Perioden folgen, so der bekannte amerikanische Historiker Arthur M. Schlesinger jr., einem Zyklus rhythmischer Abläufe von Ermüdung und Vitalität. Und: Die harten innenpolitischen Aufgaben, vor denen die USA in den 80er Jahren stehen werden, können nur von einer starken, liberalen Regierung bewältigt werden. Damit bahnt sich eine neue politische Epoche an, neue Einsichten für das, was sozial möglich ist, werden wachsen, ein neuer Appetit auf Dynamik und Erneuerung entsteht

Wieder einmal geht ein Schrei durch das ganze Land, daß der Liberalismus am Ende sei, verbraucht, ausgebrannt, und: Die Vereinigten Staaten seien nun endlich eine konservative Nation geworden. Der Konservatismus, so heißt es, habe die politische und ideologische Initiative ergriffen, und die Liberalen seien auf allen Fronten auf dem Rückzug. Die letzte Harris-Umfrage zu diesem Thema zeige, daß mehr als doppelt soviel Amerikaner bereit seien, sich als Konservative zu bezeichnen denn als Liberale. (36 Prozent gegenüber 18 Prozent, während 41 Prozent sich vorsichtig für eine mittlere Linie entschieden.)

Diese Umfrage würde überzeugender sein, wenn man außer Acht lassen könnte, daß mitten in dem so typisch liberalen Jahrzehnt, den 60er Jahren, der gleiche Harris Poll 35 Prozent Konservative gegenüber 17 Prozent Liberalen auswies (Ergebnis von 1967). Nach diesem Maßstab ist also der Anteil der Konservativen in den letzten zwölf Jahren etwas zurückgegangen und der der Liberalen noch ein kleines bißchen angestiegen. Im übrigen: Als Gallup 1939 auf dem Höhepunkt des New Deal die gleiche Frage stellte, bezeichneten sich 52 Prozent als Konservative – und ein Jahr später wurde Franklin D. Roosevelt zum drittenmal zum Präsidenten gewählt! Offensichtlich bedarf es noch weiterer Erläuterungen, was die Leute damit meinen, wenn sie sich als Konservative oder Liberale bezeichnen.

Anderthalb Jahrhunderte lang haben die beiden Begriffe die demokratische Welt beschäftigt. Politisch spricht man in England seit den 30er Jahren des vorigen Jahrhunderts von Konservativen. Der Liberalismus ist zehn Jahre jünger. Beide Bezeichnungen füllten so zwingend einen vorhandenen Bedarf, daß W. J. Gilbert in einem Lied seiner Operette „Jolanthe“ die Natur dafür pries, mit jedem Jungen und jedem Mädchen, die lebend auf die Welt kämen, entweder einen kleinen Konservativen oder einen kleinen Liberalen hervorgebracht zu haben.

Die Begriffe haben sich jedoch keineswegs als so deutlich umgrenzt wie unentbehrlich erwiesen. Denn in einer demokratischen Gesellschaft haben Konservative und Demokraten sehr viel mehr worin sie übereinstimmen als worin ihre Meinungen auseinandergehen. Beide fühlen sich der Freiheit des Individuums, dem konstitutionellen Staat und der Herrschaft der Gesetze verpflichtet. Dafür unterscheiden sie sich darin, wie diese Ziele zu erreichen seien und aus welcher Ecke eine freie Gesellschaft bedroht werde. Und sie unterscheiden sich durch ihre Anhänger: Hamilton z.B. hielt sich an die Reichen aus guter Familie, Jefferson dagegen betrachtete die Volksmassen als den sichersten Hort der Macht. Vor allen Dingen unterschieden sie sich in ihrer Ansicht vom Wert der Veränderung.

Der scharfsinnige Emerson betrachtete dies als den grundlegenden Punkt. „Die beiden Parteien, in die der Staat aufgeteilt ist, die Partei der Konservativen und die Partei der Erneuerer, sind beide uralt und haben sich um den Besitz der Welt, schon seit sie besteht, gestritten. Mal ist die eine, mal die andere obenauf, der Kampf geht aber immer wieder von vorn los, unter neuen Namen und neuen Persönlichkeiten. Da sie mit der vorhandenen Verteilung von Wohlstand und Macht einverstanden sind, widerstreben die Konservativen allen Arten der Veränderung. Die Reformer dagegen halten es bei ihrem Eifer, den Bereich der persönlichen Freiheit immer weiter auszudehnen, für notwendig, die Struktur der Gesellschaft zu verändern.

Der Unterschied zwischen Konservatismus und Erneuerungsstreben wurzelt ebensosehr im Temperament wie in der Förderung des eigenen Vorteils. (Und wie schon William James gesagt hat, werden die Menschen weltanschaulich ein für allemal durch ihr Temperament determiniert.) Der Liberale sieht in einer ständig in Bewegung befindlichen Welt den Wechsel als etwas Unvermeidliches an. Für ihn ist er ein willkommenes Abenteuer, für den Konservativen aber eine Katastrophe, denn dieser ist überzeugt, daß die kümmerlichen Versuche der Menschen, den organischen Fluß der Geschichte umzulenken, unweigerlich unvorhersehbare Folgen haben müssen, die alles nur verschlimmern können.

Im 19. Jahrhundert war ein Manchester-Liberaler aus der Schule von Cobden und Bright ein Verfechter des „laissez faire" und ein strenger Gegner aller Eingriffe des Staates in die Wirtschaft, während Konservative wie Shaftesbury und Disraeli die Regierung zum Schutz der Armen und Machtlosen aufriefen. In den Vereinigten Staaten waren die liberalen Anhänger Jeffersons der Meinung, daß diejenige Regierung die beste sei, die am wenigsten regiere, während die konservativen Hamilton-Anhänger auf der Seite des eingreifbereiten Staates standen.

Doch die Geschichte ist wetterwendisch, und so haben die Konservativen und die Liberalen in der weiterhin wichtigen Frage des Regierens ihre Standpunkte genau miteinander vertauscht. Die antistaatliche Haltung der Jeffersonianer lag so lang im Interesse der breiten Volksschichten, als in einer vorwiegend landwirtschaftlich bestimmten Gesellschaft die allgemeine Verteilung des Besitzes jedermann genug an die Hand gab, um sich selbst zu behaupten. Als aber durch die Industrialisierung sich der Reichtum in großen Klumpen zusammenballte und eine besitzlose Arbeiterklasse entstand, mußten Mittel und Wege gefunden werden, die Machtlosen vor den Mächtigen zu schützen. Wir sind der Meinung, sagten die Populisten in ihrem Wahlprogramm von 1892, daß die Vollmachten der Regierung ausgedehnt werden müssen, damit eines Tages Unterdrückung, Ungerechtigkeit und Armut in diesem Land ein Ende haben. Ein Mann wie Theodore Roosevelt sah sehr deutlich, daß in einer hochtechnisierten Gesellschaft mit konzentriertem Privatbesitz Hamiltonsche Mittel notwendig waren, um Jeffersonsche Ziele zu erreichen. Und bald sollte Woodrow Wilson dem hinzufügen: „Wenn Jefferson heute lebte, würde er ebenso wie wir erkennen, daß es ohne eine strenge Aufsicht, ohne ein strenges Eingreifen der Regierung nicht fair zugehen kann."

Während die Liberalen sich also auf einen sich durchsetzenden Staat zubewegten, zogen sich die Konservativen, in der Erkenntnis, daß die Regierung als Waffe gegen sie eingesetzt werden könnte, auf die Position des „laissez faire" zurück. Beide Parteien hatten die Seiten gewechselt. Der Vorgang erinnerte Abraham Lincoln an die beiden Betrunkenen, die sich in ihren Mänteln eine Rauferei liefern, die nach einiger Zeit darauf hinausläuft, daß jeder sich aus seinem eigenen Paletot heraus- und in den des anderen hineingekämpft hat.

Aus der Geschichte lernen wir, daß die grundlegenden Verschiedenheiten zwischen Konservativen und Liberalen in ihrer Verpflichtung auf die Klasse, in ihrer Bewertung der Veränderung und neuerdings in ihrer Haltung zur Regierung liegen. Wir wollen diese historischen Unterscheidungen nicht aus den Augen verlieren, denn so viele zeitgenössische Umschreibungen der Differenz sind irrelevant, wenn nicht geradezu irreführend. So haben meine neokonservativen Freunde in ihrem polemischen Eifer eine ganz schamlose Karikatur des amerikanischen Liberalismus gezeichnet, und ich bezweifle nicht, daß wir von der liberalen Linken ein entsprechend ungerechtes Bild vom Konservatismus entworfen haben.

Wer die Schriften von Irving Kristol, Henry Kissinger, Daniel Patrick Moynihan und Norman Podhoretz studiert, muß den Eindruck gewinnen, daß ein Liberaler ein Mensch ist, der an die Perfektionierung des Menschen glaubt, der die Macht für etwas schlechthin Böses hält, von Schuldgefühlen gequält wird und von Selbsthaß und Selbstverachtung angefüllt ist (Podhoretz), ein Masochist (Kissinger), dessen unerwiderte Liebe noch immer dem Marxismus gilt, dem, wie Bertrand Russell es ironisch zu nennen pflegte, die überlegene Tugend aller Unterdrückten innewohnt, der die Besserung aller Verbrecher im Inland und aller Terroristen im Ausland durch eine therapeutische Ethik empfiehlt (Kristol), d.h. durch Mitleid und Sozialleistungen, der sich schämt, ein Amerikaner zu sein, der davon ausgeht, daß ein Bewohner der Dritten Welt Gott näher steht und dem nichts verhaßter ist als die Geopolitik, das Gleichgewicht der Mächte und der Gedanken an ein ureigenes Interesse der Nation.

Nun kann ich als ein in der Wolle gefärbter Liberaler, der so oft es ihm nach der Verfassung möglich war, Franklin Delano Roosevelt gewählt hat und zur Zeit damit beschäftigt ist, eine Geschichte seiner Präsidentschaft zu schreiben; der in zwei Wahlkampagnen Adlai Stevenson gedient, unter John F. Kennedy im Weißen Haus gearbeitet und eine Darstellung von dessen Amtszeit geschrieben hat; der ein Freund und Biograph von Robert Kennedy gewesen ist und heute Edward Kennedy unterstützt, die feierliche Versicherung abgeben, daß ich keine der aufgezählten Auffassungen teile. Genausowenig wie die meisten mir bekannten Liberalen.

Der moderne Liberalismus hat nämlich von Reinhold Niebuhr gelernt, daß die einzige solide Grundlage für den liberalen Glauben im Dogma von der Erbsünde liegt. „Die Fähigkeit des Menschen zur Gerechtigkeit," so heißt es bei Niebuhr, „macht Demokratie möglich. Doch seine Neigung zur Ungerechtigkeit macht Demokratie notwendig."

Die meisten mir bekannten Liberalen betrachten Macht nicht als etwas in sich Böses, sind nicht von Schuldgefühlen und Selbsthaß angefüllt, neigen nicht zur Selbstgeißelung, lehnen die therapeutische Ethik ab, haben keinerlei Illusionen über die Dritte Welt und volles Verständnis für die Eitelkeit aller menschlischen Bemühungen. Was den Marxismus anbelangt, so war ich schon ein furioser Antistalinist, als viele der heutigen Neokonservativen noch in der Wiege lagen. In außenpolitischen Fragen war ich ein gläubiger Geopolitiker, seit ich vor 35 Jahren zum erstenmal Halford Mackinder und Nicholas Spykman gelesen habe. Und einige der schärfsten Kritiker des Vietnam-Krieges – Walter Lippmann, Hans Morgenthau, George F. Kennan, Reinhold Niebuhr – waren gerade diejenigen, die am entschiedensten darauf bestanden haben, über Außenpolitik nur im Sinne des wohlverstandenen nationalen Interesses zu urteilen.

Darum sollten wir – auf beiden Seiten – mit der Unterstellung von bizarren Prämissen und Motiven beim Gegner aufhören und uns auf die grundlegenden Meinungsverschiedenheiten zwischen Konservativen und Liberalen konzentrieren, und diese beziehen sich in der gegenwärtigen Situation auf die Rolle der Regierung.

Im Unterschied zu Hamilton und Disraeli ist den heutigen Konservativen die Regierung nicht sympathisch. Sie sind der Meinung, daß sie den Freiraum des Individuums einengt, daß sie dessen Selbstvertrauen unterhöhlt, daß sie untüchtig, verschwenderisch und korrupt ist, daß sie eine eigenwillige und schädliche Bürokratie geschaffen hat, daß sie sich zuviel auflädt und dadurch vieles verfehlt, daß sie den Unternehmungsgeist durch überflüssige Anordnungen eindämmt, daß sie den Leuten bis zum Halse steht (weshalb die Konservativen auch so erfolgreich bei den Wahlen sind), daß sie abgesehen von ihrer Polizei-Funktion nur eine Last und eine Bedrohung darstellt und daß sie ihrem ganzen Wesen nach unschöpferisch ist, ohne jede Fähigkeit, die Qualität der Gesellschaft zu heben. Diesem konservativen Credo hat Jimmy Carter in seiner „State of the Union"-Rede von 1978 beredten Ausdruck gegeben, in Wendungen, die beispielsweise Franklin D. Roosevelt nicht über die Lippen gebracht hätte: „Die Regierung kann unsere Probleme nicht lösen. Sie kann unsere Ziele nicht ansprechen, unsere Vorstellungen nicht beschreiben. Sie kann weder die Armut abschaffen noch eine blühende Volkswirtschaft hervorbringen, weder die Inflation eindämmen noch unsere Städte sanieren, weder den Analphabetismus aus der Welt schaffen noch für ausreichende Energie sorgen."

Die Konservativen machen die Regierung und überhaupt alle menschlichen Vorkehrungen herunter, weil sie von einem automatischen Instrumentarium irgendwo hinter dem Regenbogen träumen, das eines schönen Tages alle unsere Probleme für uns lösen wird. Sie haben sich den alten Glauben der Liberalen an Adam Smiths *Unsichtbare Hand* zu eigen gemacht. Sie erblicken in der Marktwirtschaft eine unglaublich genaue, einfühlsame, wirkungsvolle und unparteiische Instanz zur Bewältigung aller unserer sozialen und wirtschaftlichen Probleme. „Die alleinige Funktion der Regierung", sagt Herbert Hoover auf dem Tiefpunkt der Großen Depression, „besteht darin, einen Zustand zu schaffen, der eine vorteilhafte Entwicklung der privaten Unternehmungen begünstigt."

Nun glauben auch die modernen Liberalen an die Marktwirtschaft. Sie haben keineswegs die Absicht, sich auf eine durch Kommando geregelte Wirtschaft zuzubewegen. Selbst einige Sozialisten sind so weit, die enormen Vorzüge des Preisgefüges anzuerkennen. Aber die Liberalen sehen die heutige Marktwirtschaft nicht als den vollkommenen, reibungslos funktionierenden, sich selbst korrigierenden Mechanismus an, als der er den Konservativen erscheint. Nach liberaler Auffassung hat die industrielle Konzentration den Markt mit lauter starren Elementen angereichert, genau wie die Gewerkschaften und die Sozialgesetzgebung. Selbst die Geschäftsleute mögen den Konkurrenzkampf nicht und verbringen viel Zeit damit, ihm aus dem Wege zu gehen. In wichtigen Bereichen werden die Preise heute durch Behörden-Entscheidungen festgesetzt, nicht mehr durch das Gesetz von Angebot und Nachfrage. So macht eine realistische Analyse der heutigen Marktwirtschaft die amerikanischen Liberalen weit skeptischer gegenüber der Fähigkeit des Marktes, mit so komplizierten Problemen wie Depression und Inflation fertigzuwerden, und sehr viel bereiter dazu, die Regierung zu Hilfe zu rufen, um den Markt zu entzerren und sein Versagen auszugleichen.

Die Konservativen sehen die Konfrontation von Individuum und Regierung wie die Teilung eines Säckchens voller Murmeln, bei der jedem Gewinn auf der einen Seite ein Verlust auf der anderen entsprechen muß. Die Liberalen meinen, das hätte vielleicht für Jeffersons ländliches Arkadien gelten können; in der modernen Gesellschaft sei das Individuum von soviel bedrohlichen Machtfaktoren umgeben, daß es sich eben häufig an die Regierung halten müsse, um seinen persönlichen Lebensraum vor deren Übergriffen zu schützen.

Die Geschichte läßt keinen Zweifel, daß es sich so verhält. Die Regierung hat z.B. die Rassengleichheit vor dem Gesetz gegen private Bigotterie verteidigt und die Menschenrechte vor privaten Verfolgungen in Schutz genommen. Sie hat die Naturschätze vor privater Ausbeutung bewahrt, die Industrie in ihre Schranken verwiesen und die Rechte der Arbeitnehmer gesichert.

Ganz augenscheinlich handelt es sich nicht einfach darum, ein Säckchen mit Murmeln zu teilen. Die Zunahme der staatlichen Autorität hat keineswegs die Rechte des Individuums verringert, sondern der Mehrheit des Amerikaner mehr Würde und Freiheit geschenkt, als sie jemals vorher besaßen. Die individuellen Freiheiten, die in diesem Jahrhundert durch das Anwachsen der nationalen Autorität zerstört worden sind, haben hauptsächlich darin bestanden, den farbigen Amerikanern ihre verfassungsmäßigen Rechte vorzuenthalten, Kinder in Fabriken und Einwanderer in „sweat shops“ arbeiten zu lassen, Hungerlöhne zu zahlen und barbarische Arbeitsstunden zu verlangen, in der Anzeigenwerbung und beim Verkauf von Wertpapieren betrügen zu dürfen – lauter Freiheiten, so sollte man meinen, ohne die ein anständiges Land sehr gut auskommen kann.

In den Augen der Liberalen ist die Regierung nicht der Feind, sondern ein Werkzeug, das für gute wie für schlechte Zwecke zu gebrauchen ist. Im übrigen glauben die Liberalen, daß die meisten Amerikaner sich darin einig sind, eine affirmative, d.h. zupackende Regierung zu bevorzugen. Genau dieselben, die sich abstrakt gesprochen als Konservative beschreiben, unterstützen eine konkrete Maßnahme nach der andern, mit der die Regierung interveniert. Bei einer von der *New York Times* und CBS veranstalteten Umfrage sagten 81 Prozent sich selbst als liberal Bezeichnende, daß „die Regierung darauf hinwirken soll, daß jeder Arbeitswillige eine Arbeitsstelle findet“. 91 Prozent der Liberalen und 82 Prozent der Konservativen meinten, daß die Regierung für ärztliche Betreuung und billige Krankenhäuser sorgen müsse. Die Zeitschrift *Fortune* berichtete kürzlich, daß 67 Prozent der Befragten für eine nationale Krankenversicherung und 61 Prozent für Preis- und Lohnkontrollen seien. Eine Mehrheit verlangte sogar von der Regierung festgesetzte Höchstgrenzen für Firmengewinne (und das war noch vor den exorbitanten Profiten der Ölgesellschaften).

Weshalb erheben sich dann trotzdem soviele konservative Stimmen? Hadley Cantril und Lloyd Free haben dies Geheimnis vor 15 Jahren aufgeklärt, als sie in ihrem Buch *The Political Beliefs of Americans* den Unterschied zwischen dem *ideologischen* und dem *operativen* Spektrum herausarbeiteten. Unter ersterem sind alle theoretischen Meinungen über die Rolle der Regierung zu verstehen, unter letzterem ihre Haltung zu einzelnen Entscheidungen der Regierung, die ihr eigenes tägliches Leben beeinflussen. 1967 bezeichneten sich 16 Prozent auf dem ideologischen Spektrum als liberal, jedoch 65 Prozent auf dem operativen. Die Hälfte derer, die sich im Prinzip als konservativ bezeichneten, stellten sich in der Praxis als liberal heraus. „Die Kluft zwischen der operativen und der ideologischen Sehweise ist so breit, daß man von einem schizoiden Verhalten sprechen kann." Und diese Schizophrenie hat offenbar seit 1967 nicht nachgelassen. Wie der Neokonservative James Q. Wilson neulich gesagt hat: „Man unterstützt auch weiterhin einen aktiven, kostspieligen und stets zur Intervention bereiten Staat."

Das bedeutet noch nicht, daß die Liberalen die Regierung als unfehlbar betrachten. Aber die Panik der Konservativen vor einer Super-Regierung scheint übertrieben. Im übrigen befinden sich die Konservativen chronisch im Zustande der Panik. Sie sind immer gegen Reformen, schon am Anfang des 19. Jahrhundert bei ihrem Kampf gegen die Abschaffung der Schuldgefängnisse und die Legalisierung der Gewerkschaften bis zu ihrem heutigen Widerstand gegen die Sozialversicherung, die Arbeitslosenunterstützung und die Subvention der Agrarpreise. Die Konservativen verkünden feierlich, daß jeder Vorschlag zur Veränderung unberechenbare Folgen nach sich ziehen werde, die nur auf die Zerstörung des *American Way of Life* hinauslaufen können. Doch unser Gemeinwesen hat sich dann immer als kräftiger erwiesen als die Konservativen glauben wollten und ihre nächste Generation akzeptiert dann bereitwillig die Reformen, die ihre Väter so bitterlich geschmäht haben.

Die Regierung ist ein anfälliges und fehlbares Gebilde, das ständige Beaufsichtigung und Kritik erfordert. Regierungsmaßnahmen sind oft falsch geplant und töricht in der Ausführung.

Wenn es auch nicht Sakrosanktes an der Regierung gibt, so ist sie doch ein zu wertvolles Instrument der Demokratie, um sie so billigen demagogischen Angriffen auszusetzen, wie man sie von Jimmy Carter kennt. Was Carter auch behaupten mag, eine Regierung ist sehr wohl in der Lage, sich Ziele zu setzen und eine feste Vorstellung zu entfalten. Wie Tocqueville, eine höhere Autorität, vor langer Zeit schon gesagt hat: „Regierungen müssen sich bemühen, in den Menschen jene Liebe zur Zukunft wiederherzustellen, die ihnen die Religion und der Zustand der Gesellschaft nicht länger mehr einflößen."

Ein Appell an eine schöpferische Regierung wirkt zweifellos vergeblich in einem Zeitalter, das die Auguren ein für allemal dem Konservatismus überlassen haben. Doch die Geschichte erinnert uns daran, daß unser öffentliches Leben einem zyklischen Rhythmus unterliegt, bei dem sich immer wieder Konservatismus und Erneuerung ablösen. Als Nation gehen wir durch Epochen des Handelns, der Leidenschaft, des Idealismus, der Reform und einer tatkräftigen Regierung, bis das Land davon völlig erschöpft ist. Dann sehnen wir uns nach Ruhe und durchschreiten eine Phase verspielter Aufsässigkeit, des Treibenlassens, des Zynismus, des Hedonismus und einer negativen statt durchsetzungsstarken Regierung. Zur Zeit sind die Vereinigten Staaten in der depressiven Phase des Zyklus, aber sie werden nicht ewig darin verharren.

Ich habe diese Zyklus-Theorie als Erbstück von meinem Vater übernommen, der sie vor 40 Jahren in einem Aufsatz in der *Yale Review* skizziert hat. Sie hat sich eigentlich ganz gut gehalten. Führen wir uns nur die Entwicklung Amerikas in diesem Jahrhundert vor Augen. Die ersten beiden Jahrzehnte gehörten den Progressiven und dem Ersten Weltkrieg, als zwei sehr anstrengende Präsidenten, Theodore Roosevelt und Woodrow Wilson, das amerikanische Volk dazu aufriefen, zuerst die eigene Volkswirtschaft zu erneuern und zum zweiten die Welt für die Demokratie zu sichern *(to make the world safe für democracy)*. Nach zwei Jahrzehnten gesteigerter Aktivität waren die Menschen emotionell am Ende ihrer Kräfte. Weitere Krisen zu bestehen waren sie zu erschöpft. Sie hatten genug von Disziplin und Opferbereitschaft, aber ebenso von abstrakten und ungreifbaren Zielen. Sie wollten Ferien von den öffentlichen Angelegenheiten machen und ihr Privatleben genießen. Sie sehnten sich nach dem, was ihr neuer Präsident Warren G. Harding „normale Zustände" nannte. Auf die Politik der guten Absichten folgte die Politik des großen Abschlaffens. Dann kamen nach den untätigen 20er Jahren zwei weitere Jahrzehnte des Handelns und der Leidenschaft: Franklin D. Roosevelt, der New Deal, der Zweite Weltkrieg, Truman, der Fair Deal, der Kalte Krieg, Korea. Bei ihrem Ende fühlten sich die Menschen wieder erschöpft und ausgehöhlt. So folgte die Windstille der 50er Jahre unter Eisenhower, der nach Walter Lippmanns treffenden Worten Präsident wurde, „als unser Land und die westliche Welt alle Dynamik, alle Erneuerungskraft und die ganze Kreuzfahrergesinnung aufgebraucht hatte, deren die menschliche Natur fähig ist." Insofern waren die Eisenhower-Jahre ein notwendiges Intermezzo.

Doch nach einer Weile wollten die Amerikaner ihr Land wieder in Bewegung sehen. Wie die 20er Jahre in die 30er Jahre umschlugen, so folgten die 60er den 50er Jahren. Es kam eine neue Ära des Aktivismus. Kennedy und Johnson, die New Frontier und die Great Society, die Rassen-Frage und der Krieg gegen die Armut. Diesmal nahm der Zyklus durch manch grimmige Ereignisse einen düsteren Zug an, eine hysterische Verschärfung des Tons: erst der Mord von Dallas, dann der Vietnam-Krieg. Es folgten die Rassen-Unruhen in den Städten, die Tumulte an den Universitäten, zwei weitere schreckliche Morde, Drogen und Gewalt, Watergate, um ein Haar die schimpfliche Absetzung eines Präsidenten. Das Resultat war, diesmal schneller als nach den üblichen zwei Jahrzehnten, wieder die Erschöpfung der Nation. In den 70er Jahren waren die Vereinigten Staaten wieder eine ausgebrannte, zynische, nur noch mit sich selbst beschäftigte Nation, ein Volk auf der Suche nach Ruhe und Erholung.

Es geht also augenscheinlich nicht so sehr um die Frage Konservatismus gegen Liberalismus als um Vitalität oder Ermüdung. „Ein guter Teil an unserer Politik," sagt Emerson, „ist physiologisch." Und während der Erholungspausen gehen einige Dinge vonstatten: Die Veränderungen, die sich in der voraufgegangenen aktivistischen Phase ereignet haben, werden vom sozialen Organismus verdaut und dringen in das Rahmenwerk der Gesellschaft ein. So haben die Konservativen, die sich im Zeitalter Roosevelts dem New Deal widersetzt hatten, ihn im Zeitalter Eisenhowers akzeptiert. Außerdem füllen sich die Kraftreserven der Nation langsam wieder auf, die Batterien fangen an, sich neu aufzuladen. Der wichtigste Faktor aber ist, daß die Probleme, die man in den Jahren der Apathie und des Zynismus vernachlässigt hat, mit einemmal akut werden und aus dem Ruder zu laufen drohen.

Natürlich haben auch Aktivismus und Idealismus ihre Gefahren. Denn wenn der Aktivist einmal in Gang gesetzt worden ist, um sich mit den heimischen Sorgen zu beschäftigen, so neigt er dazu, mit seiner Energie in die Außenpolitik überzuschwappen. Wenn die Regierung im Innern eine kraftvoll-bestätigende Haltung einnimmt, wird sie auch in der übrigen Welt eine entsprechende Rolle spielen wollen. Die großen Reformer zu Hause sind auch in der Außenpolitik die großen Aktivisten gewesen – man denke an Theodore Roosevelt, Wilson, Franklin D. Roosevelt, Truman, Kennedy und Johnson. Es besteht bei den Vereinigten Staaten eine höchst beunruhigende Tendenz, sich in solchen aktivistischen Perioden auf Kriege einzulassen. Doch darf man mit dieser Behauptung auch nicht zu weit gehen: Sicherlich haben die Reformbewegungen in den USA weder den Kaiser noch Hitler und auch nicht den japanischen Imperialismus hervorgerufen. Immerhin gibt es für die Amerikaner genugend Anlaß, sich in außenpolitischen Fragen besondere Zurückhaltung aufzuerlegen, wenn die Nation sich gerade wieder einmal dazu aufschwingt, die drängendsten Probleme an der Heimatfront zu bewältigen.

Eine solche Zeit steht uns bevor, und zwar bald. Irgendwann in den 80er Jahren wird der Damm brechen, genau wie es um die Jahrhundertwende oder in den 60er Jahren geschehen ist. Die Explosion wird diesmal von der Arbeitslosigkeit, der Inflation und der Wachstums- und Energiefrage ausgehen, lauter Problemen, die nur die Regierung lösen kann. So kann man hier von der Unausweichlichkeit des Liberalismus sprechen, denn Inflation, Arbeitslosigkeit, die Wachstums- und die Energiesorgen machen eine starke Regierung einfach unumgänglich. Es sind Probleme, die die soziale Marktwirtschaft ihrer ganzen Struktur nach unmöglich bewältigen kann. Wenn sich die Nation ihnen mit einer entschlossenen Politik zuwendet, wird auch unser Sinn für Abenteuer und für Idealismus zurückkehren. Das Blut wird wieder in unseren Adern rollen. Und es wird ein Durchbruch zu einer neuen politischen Epoche stattfinden, eine neue Überzeugung für das, was sozial möglich ist, wird sich einstellen, ein neuer Appetit auf Dynamik, Erneuerung, Kreuzfahrergeist und das Verlangen, das große Versprechen des amerikanischen Lebens einzulösen.

Und so wird der Zyklus weitergehen, bis die Nation von neuem ihrer Verpflichtungen und ihres Höhenfluges müde sein wird. Der zyklische Rhythmus ist ein physiologischer Vorgang wie Systole und Diastole des Kreislaufs. Konservatismus und Liberalismus neigen zwar, wie schon Emerson hervorgehoben hat, zu Exzessen. Doch beide haben ihre Funktion bei der Bewahrung des gesunden politischen Körpers. Beide haben ihre Rolle im Rhythmus des öffentlichen Lebens. Beide müssen davor zurückgehalten werden, ihre Sache zu nachhaltig betreiben zu wollen. Emerson hat das, wie gewöhnlich, am besten ausgedrückt: „Es kann von diesen beiden metaphysischen Antagonisten mit Sicherheit behauptet werden, daß jeder eine gute Hälfte, aber ein unmögliches Ganzes ist. Ein jeder versteht, die Übergriffe des anderen bloßzustellen, doch an der richtigen Gesellschaft, am richtigen Menschen müssen beide zusammenwirken.“

David Spitz

Der wahre Liberalismus

Thesen über die Freiheit und ein ‚Credo für Liberale'

Seit der Vertreibung Luzifers aus dem Himmelreich ist es Sitte, sich auf die Höllengeister zu berufen, wenn man etwas Schlechtes erklären will. Der Liberalismus ist heute einer dieser Geister. Beide Seiten des politischen Spektrums, die neuen Konservativen wie die neuen Linken, führen die gegenwärtige beklagenswerte Verfassung der Lebensumstände des Menschen auf die Versäumnisse des Liberalismus zurück. Das ist gut zu verstehen, denn der Liberalismus ist eine revolutionäre Lehre, die vom Menschen verlangt, drei Dinge zu akzeptieren, von denen keines angenehm ist: *Ungewißheit* (keine Sicherheit über die absolute Wahrheit), *Toleranz* (selbst gegenüber dem, was man verabscheut) und *Kompromiß* (der einer unfriedlichen Konfliktlösung vorzuziehen ist). Um dieser beschwerlichen Last auszuweichen, muß man die Unzulänglichkeiten des Liberalismus offenlegen. Der hier konstruierte Fall ist zwar bekannt, aber dennoch bemerkenswert.

Einige Anklagen führen zu einem Mißverständnis: Sie bringen aktuelle Mißstände in der Gesellschaft mit dem Liberalismus in Verbindung – etwa Armut, Rassismus, Entfremdung und Verbrechen. Sie behandeln diese Probleme, die es in allen nur denkbaren Gesellschaftssystemen gibt, selbst in denen, wo Konservative oder Kommunisten die Regierung stellen, als wären sie etwas für die liberalen Grundsätze ganz Typisches. Der Liberalismus ist selbstverständlich weder die Ursache dieser Zustände noch dafür verantwortlich, daß sie andauern, obwohl er eine der Möglichkeiten ist, sich mit ihnen zu befassen, eine Methode, um zu einer Lösung zu kommen (keine im voraus ausgedachte Zusammenfassung der Lösungen selbst). Ich behaupte, daß der liberale Ansatz die einzig gute Hoffnung bietet, die sozialen Leiden zu mildern, die wir haben. Aber da er weder am Fortschritt verzweifelt, noch fertige Mittel verabreicht, ist der Liberalismus ein Ziel für alle, die an der aktuellen Lage etwas auszusetzen haben.

Ein weiteres dauernd vorkommendes Mißverständnis bringt die außergewöhnliche Beachtung, die der Liberalismus der Individualität schenkt, mit einer Verpflichtung zum Individualismus oder einer Ablehnung der Gemeinschaft durcheinander. Weil Liberale dafür eintreten, daß der Mensch frei und unter Berücksichtigung der eigenen Sicherheit und der Annahme sittlicher Verantwortung entscheidet, neigen einige zu der Ansicht, die Liberalen betrachteten den Menschen als Einzelwesen, als ein von seiner geschichtlichen Situation und den Gruppenbindungen unabhängiges Geschöpf. Das stimmt einfach nicht. Wenn Liberale vielleicht einen extremen Historismus ablehnen (und die Kontinuität im menschlichen Wesen zumindest als ausreichend ansehen, um Homer dem heutigen Publikum verständlich zu machen), führt das doch nicht zu einer Absage an die grundlegende Geselligkeit des Menschen. Ganz im Gegenteil. Von John Stuart Mills berühmter Kapitelüberschrift, welche die Individualität nur als *eines* der Elemente des Wohlergehens bezeichnet, bis zu John Deweys Sorge um die Qualität des öffentlichen Lebens haben die Liberalen die soziale wechselseitige Abhängigkeit immer anerkannt. So standen sie auch in der vordersten Reihe derjenigen, welche die gemeinschaftlichen sozialen Vorhaben vorangetrieben haben. Die Bilder von den „besitzenden Individualisten“ sind Entstellungen bis zur Karikatur. Die Häufigkeit, mit der John Stuart Mills offenkundiges Interesse an Anteilnahme als eine Ausnahme von der atomistischen Sicht der Liberalen angeführt wird, sollte den seriösen Historiker hellhörig für die ungenauen Darstellungen über den Liberalismus machen; denn Mill ist die Verkörperung des Liberalen schlechthin, und seine Anhänger waren genauso aufgeschlossen für die unentwirrbar miteinander verflochtenen Interessen sowohl des Einzelnen wie der ganzen Menschheit.

Ein dritter markanter Begriff, den es richtigzustellen gilt, dreht sich um den angeblichen moralischen Relativismus liberaler Grundsätze. Zu viele Autoren haben den Unterschied zwischen Skepsis und dem sinnvollen Zulassen von Irrtümern nicht richtig eingeschätzt. Es stimmt, daß die Liberalen keine Absolutisten sind, aber es ist falsch zu folgern, daß sie Nihilisten seien. Die Liberalen haben in der Tat viele Prinzipien, doch geht es dabei im wesentlichen um Methoden, um Fairneß oder um das Forschen. Sie füllen viele Aktivitäten, die Maßstäbe setzen, mit Leben, und wenn gute Verfahren auch nicht zwangsläufig gute Ergebnisse erbringen, werden, wie die Liberalen argumentieren, doch die „richtigen" Ergebnisse am ehesten mit den Prozessen erreicht, auf die sich die Liberalen stützen. Ihr unerschütterliches Eintreten für die Freiheit kann man einfach nicht gleichsetzen mit einer Unfähigkeit, gegen das Schlechte anzukämpfen oder eine wirksame Moral einzuführen.

Abgesehen von diesen Mißverständnissen werden Angriffe oft gegen die liberale Auslegung des Begriffs Gemeinde geführt, die (den Kritikern zufolge) dem öffentlichen Leben einen rein instrumentalen Wert beimißt und der Moral der Bürger nicht genügend Beachtung schenkt. Weitere herausragende Fragen sind die Überbewertung des Pluralismus durch den Liberalismus, die Geringschätzung der Tradition und die Betonung der prozeduralen, nicht der substantiellen Gerechtigkeit. Um die liberalen Grundsätze in diesen Bereichen zu verstehen, muß man die Verlagerung von der negativen zur positiven Staatsauffassung bei den Liberalen untersuchen, ihre Versuche, Planung und Demokratie auszusöhnen, und ihr unablässiges Bemühen, öffentliches und privates Leben zu trennen. In meinen Büchern habe ich diese Themen wiederholt angeschnitten.

Belastet beispielsweise der liberale Pluralismus die Politik zugunsten derjenigen, die bereits Macht besitzen? Natürlich schwächt der Pluralismus in gewisser Weise die Rolle der nicht organisierten Interessen, so wie er die Politik unbeachtet läßt, die nicht direkt den Interessen einer wichtigen Gruppe dient. Aber

Pluralismus ist nicht eine andere Bezeichnung für Liberalismus. Auch hier liefert John Stuart Mill wieder das passende liberale Beispiel mit seiner Sorge um die allgemeinen Anliegen und der Unterscheidung zwischen Demokratie (Mehrheitssystem) und dem Repräsentativsystem (Berücksichtigung der Interessen aller). Die Vielfalt findet Beifall, und zwar wegen der Verbindung zwischen sozialem Pluralismus und Freiheit, nicht weil sie rechtmäßige Interessen mit Erfolg schützt, wie einige Spötter behauptet haben. Mills Bemühen, zwischen Aktivitäten zu unterscheiden, welche die eigenen und fremde Belange berücksichtigen, ist ein Versuch, für Individualität zu sorgen, nicht den Staat in die Rolle eines Nachtwächters zu drängen. Das liberale Eintreten für Gleichheit, wozu auch Ausgleichsmechanismen zur Anpassung der Bedingungen gehören, damit die Chancengleichheit für alle interessant bleibt, ist ein Beweis für die freiheitliche Funktion des Liberalismus. Das gilt auch für die Unterstützung der Gemeindeverordnungen durch die Liberalen.

Die Sorge um Freiheit und Individualität bedeutet auch nicht, daß der Liberalismus versäumt, Ideale und Visionen hochzuhalten. Nichts im liberalen Gedankengut schließt sie aus, wenngleich der Liberalismus es ablehnt, sie anderen aufzuzwingen. Die Liberalen fordern nur, daß jedes Ideal immer wieder kritisch überprüft wird. Das beeinträchtigt zugegebenermaßen den Anflug des Auserwählten, doch es zerstört nicht die Achtung vor der Tradition oder utopischen Vorstellungen.

Zwei den Gegnern des Liberalismus teure Einwände sind der „Privatbesitz“ und der „Rationalismus“. Die Liberalen, so lautet der Vorwurf, sind für den Privatbesitz an den Produktionsmitteln und die Vererbung des Wohlstands, und das hebt die politische Gleichheit auf und widerspricht der Gerechtigkeit. Wie aber jeder Leser der *Chapters on Socialism* von Mill weiß, ist der Liberalismus an keine bestimmte Wirtschaftsordnung gebunden und kann Besitzregelungen vielfältigster Art zulassen. Was sich jedoch wie ein roter Faden durch die liberalen Vorstellungen zieht, ist die Sorge der Liberalen um die Funktion des Privatbesitzes als Bollwerk gegen den Staat und als Hort der Macht, der unter Umständen nötig ist, um einer ausufernden oder sonst nicht greifbaren Machtzusammenballung in den Händen der Bürokraten entgegenzuwirken. Die Aufgabe, wie die Liberalen sie sehen, besteht darin, die Anforderungen an Freiheit und Gleichheit im Gleichgewicht zu halten und auch ein Bewußtsein für den Zusammenhang zwischen Freiheit und einer mangelhaften Verteilung der Macht oder der Ressourcen zu erhalten. Es ist notwendig, über die Alternativen nachzudenken und eine überlegte Wahl unter den miteinander im Wettstreit liegenden Wertvorstellungen zu treffen.

Eine solche „rationale“ Prüfung führt zu einer der Fragen, die in den Mittelpunkt der modernen Philosophie gerückt sind. Was ist Rationalität? Wie kann jemand, der in einer bestimmten Zivilisation inmitten der Kräfte eines speziellen historischen Augenblicks lebt, eine „neutrale“ Frage stellen, oder gar eine „wertfreie“ Antwort finden? Gibt es nur eine einzige richtige Antwort? Ist sie auffindbar? Und wie? Die Liberalen nehmen den Beschuldigungen zufolge eine Position ein, welche die Wirklichkeit und den Standort der Menschen in einem politischen System systematisch verzerrt, indem sie nämlich behaupten, der Mensch treffe frei und unabhängig seine Entscheidungen. Die Forderung der Liberalen nach rationaler Erörterung und Entscheidung sei somit lediglich eine Ideologie, welche die strukturellen Grundlagen verschleiert, die in Wahrheit dafür verantwortlich sind, wie eine Gesellschaftsordnung funktioniert.

Bei den Linken wird die „übermäßige Rationalität“ des Liberalismus genannt. In der antiintellektuellen Phase der Linken, insbesondere in den 60er Jahren, galt die Rationalität als „übermäßig“, wenn sie berechnend war anstatt zu „fühlen“, wenn sie die Menschen einschränkte anstatt die sie treibenden Kräfte freizusetzen. In der marxistischen Version bedeutet „übermäßig“ eine zu große Abhängigkeit von der Erziehung, um umweltbedingte Behinderungen des klaren Denkens ausräumen zu können. Das Verhalten ist nach dieser Darstellung stärker bestimmt, als die Liberalen anerkennen. Dieser Meinung sind auch viele Rechte. Nach Michael Oakeshott sind die Menschen das Produkt einer Tradition, die ihr Leben so formt, daß sie nur die zusätzlichen Veränderungen vornehmen können, die notwendig sind, um die Wirtschaft in Gang zu halten. Neuerungen im großen Stil schaffen neue Probleme, keine neuen Lösungen. Die Liberalen sind daher verantwortlich für den Versuch, die Erfahrung mit Social engineering-Plänen einschränken zu wollen, die überhaupt nicht funktionieren können.

Auch B. F. Skinner geißelt, allerdings von ganz anderer Warte, die liberale Rationalität und hält ihr vor, sie stütze sich auf den Glauben, daß der Mensch seine Entscheidungen mit dem Verstand treffe. Nach seiner Meinung haben die Menschen selbstverständlich keinen Verstand und reagieren lediglich auf die Kräfte der Umwelt. Die Wissenschaft, wie er sie versteht, geht über den Rationalismus, der auf der menschlichen Freiheit beruht, hinaus und weist auf die gezielte Anpassung an die Umstände als geeigneten Weg zur Verbesserung der Welt.

Keine der jetzigen Diskussionen wird die gegenwärtigen Meinungsunterschiede über das Wesen des Menschen und die Rolle der Vernunft für sein Dasein endgültig beseitigen, doch schneiden sie die zentralen Fragen an und erklären, was eine liberale Philosophie enthält. In Übereinstimmung mit der Ablehnung menschlicher Unfehlbarkeit meidet der Liberalismus jede extreme Form von Rationalismus, die nur *eine* richtige, sinnvolle Lösung für ein Problem aufzeigt. Ob es darum geht, die zurückhaltende Steuerung der Gemütsregungen zu dulden oder die strukturellen Erbanlagen menschlichen Verhaltens anzuerkennen, ein Liberaler wird bereitwillig die begrenzten Fähigkeiten des Menschen einräumen, vernünftig zu urteilen. Worauf die Liberalen immer bestanden haben, ist, daß nur der Verstand die Unvernunft entlarven kann. Der Mensch muß seinen Verstand gebrauchen, um dessen Grenzen kennenzulernen. Und er muß Toleranz üben, um die Fehler, die er zwangsläufig macht, auf ein Minimum zu reduzieren. In diesem Sinn sind Vernunft und Toleranz zentrale Begriffe liberaler Politik.

Die gegenwärtigen Angriffe auf den Liberalismus, die von allen Seiten kommen, beruhen also im wesentlichen auf Themen, die sich im Hauptstrom angelsächsischen liberalen Gedankenguts gegenüberstehen, der in England von John Stuart Mill zu Lindsay, Barker, Harold Laski und Bertrand Russell reicht und zu John

Dewey, Morris Cohen und Robert MacIver in den USA. Die Kritiker des Liberalismus müssen sich mit dieser Tradition auseinandersetzen, nicht mit deren Karikatur. Eine ganze Generation Staatswissenschaftler ist anscheinend damit zufrieden gewesen, sich mit Schumpeters Definition der Demokratie auseinanderzusetzen, nicht mit derjenigen Mills, oder sich mit Behavioristen zu streiten, die sich liberal nannten. Die echte liberale Tradition wurde zur Seite geschoben. Es ist an der Zeit, die Diskussion wieder auf das Wesentliche zu lenken. Die Kritik, die überzeugen will, muß sich den wirklichen Argumenten stellen.

Über die Freiheit

In liberalen Diskussionen über die Freiheit werden bestimmte elementare Unterschiede immer wieder unterdrückt oder übergangen.

1. Eine freie Nation ist nicht notwendigerweise auch eine Nation freier Menschen. Eine freie Nation ist ein Land, das keiner Fremdherrschaft unterworfen ist. Ein freier Mensch ist jemand, der keine Einschränkungen seiner Freiheit durch einen anderen hinnehmen muß. Ghana wurde ein freies Land, als es die Fesseln Großbritanniens abwarf. Das ghanaische Volk aber wurde dadurch nicht zu freien Bürgern, denn diese waren neben anderem noch immer den Gesetzen ihres neuen (in einiger Hinsicht tyrannischen) Staates unterworfen. Selbst in der Stille des Gesetzes sind die Menschen nicht völlig frei, denn fast immer erlegen ihnen gesellschaftliche Kräfte eine Vielzahl von Beschränkungen auf – Vereinigungen, Gewerkschaften, die Kirche, die Familie, die Schule und andere Personen und Gruppen.

2. Sich frei zu *fühlen*, heißt noch nicht, auch frei zu *sein*. Der Mensch fühlt sich unter Umständen frei, auch wenn er eingeschränkt ist: Der Dichter kann die Freiheit seiner Gedanken selbst zwischen Kerkermauern zum Ausdruck bringen; der Sklave kann sein sorgenfreies Dasein besingen, selbst wenn er die Felder seines Herrn beackert; der patriotische Bürger kann sich frei fühlen, selbst wenn er davon absieht, die Gesetze nicht zu beachten.

Subjektiv bemerkt der Mensch die Last der äußeren Beschränkungen vielleicht nicht, und doch sind sie da – wobei ich betonen muß, daß ich hier von äußeren, nicht von inneren (manipulierten) Beschränkungen spreche.

3. Es besteht ein Unterschied, wenn Sie das tun, was Sie möchten, und tun, was Sie nach Meinung eines anderen mögen sollten. Das zu tun, was Sie möchten, heißt vielleicht, das zu tun, was gut ist; es kann aber auch das Tun enthalten, das schlecht oder schädlich ist. Da (wie oft behauptet wird) ein guter Mensch, der auch vernünftig ist, nichts Schlechtes oder Schädliches tun will, würde daraus nach Orwellscher Manier offenbar folgen, daß, wenn man ihn darin hindert, das zu tun, was er nicht wirklich tun möchte und ihn zwingt, das zu tun, was er wirklich tun möchte, das heißt, was ein Klügerer als er „weiß", was er wirklich tun möchte, was nur das tun heißt, was gut ist, das kein Zwang, sondern Befreiung ist. Aber das ist natürlich nicht so: Zwang bleibt selbst unter guten Umständen Zwang; und Freiheit bleibt Freiheit, selbst wenn sie ein schmerzliches Ergebnis bedingt.

4. Freiheit ist nicht Gleichheit. „Freiheit", hat ein berühmter Schriftsteller gesagt, „ist erst dann erreichbar, wenn das Verlangen nach Gleichheit befriedigt worden ist". Aber das Verlangen nach Gleichheit wird vielleicht nie zufriedengestellt, denn Gleichheit ist ein vielschichtiger und widersprüchlicher Begriff. Wenn mit Gleichheit Chancengleichheit gemeint ist, müssen an mehreren Stellen des Ursprungs Beschränkungen gegen diskriminierende Praktiken eingeführt werden, die diese Gleichheit unmöglich machen; solche Praktiken sind zum Beispiel Benachteiligungen aufgrund der Rasse, der Religion, des Geschlechts, der Bildung und des Alters. Selbst Eltern müßte vielleicht sogar die Freiheit abgesprochen werden, ihre Kinder anders (besser?) zu behandeln als andere Eltern die ihren. Paradoxerweise heißt Chancengleichheit darüber hinaus, daß jemand, der in Gleichheit beginnt, vielleicht in Ungleichheit endet – ein nicht dem Gleichheitsgedanken entsprechendes (und unerwünschtes?) Ergebnis.

Wenn wir jedoch mit Gleichheit die Gleichheit der Bedingungen meinen, so daß diejenigen, die in Ungleichheit beginnen, in

Gleichheit enden, dann müssen wir Beschränkungen einführen, um ein einheitliches Niveau etwa des Erreichten durchzusetzen: Ein Jascha Heifetz oder Albert Einstein würden sich nicht länger einer größeren Anerkennung, einer besseren Position und einer besseren Entlohnung erfreuen; es würde im Grunde gar keinen Heifetz oder Einstein geben.

Abgesehen von der unbehaglichen Tatsache, daß derartige Gleichheiten – der Chancen und der Bedingungen – sich womöglich gegenseitig ausschließen, oder psychologisch unter keinen Umständen aufrechterhalten werden können, oder gesellschaftlich unerwünscht sind, stellen sie nicht die Erfüllung der Freiheit, sondern deren Begrenzung dar. Im Klartext: Freiheit ist ein Wert, Gleichheit ein anderer, und nicht immer sind sie miteinander zu vereinen.

5. Freiheit heißt nicht Macht, und Macht nicht Freiheit. Aber Macht ist ein Umstand, der es möglich macht, bestimmte Freiheiten zu genießen. Ohne die Macht des Geldes ist der Mensch vielleicht frei zu reisen, aber eventuell nicht in der Lage, es zu tun. Ohne die Macht des Wissens kann der Mensch vielleicht frei unter Konsumgütern oder Lebensstilen auswählen, aber er ist womöglich nicht imstande, eine gute Wahl zu treffen. Mit dem nötigen Wissen kann er vielleicht eine gute Wahl treffen, aber bei einem begrenzten Warenangebot oder einer vom Staat aufgezwungenen Lebensart hat er vielleicht nicht die Freiheit der Wahl. Die Macht verleiht der Wahl somit Erfolg, begründet aber nicht selbst die Freiheit der Wahl. Das Nichtvorhandensein von Macht kann formale Freiheiten gegenstandslos machen.

6. Ein Widerspruch in sich: Freiheit, die Toleranz zur Folge hat, ist selbst häufig intolerant. Menschen und Gesellschaften können sich für den Grundsatz der Freiheit entscheiden und ihr doch mißtrauen, ja sie sogar fürchten, denn die Freiheit ermöglicht dem Menschen, abgeschmackte oder scheußliche Handlungen zu begehen: Er kann in der Öffentlichkeit zwischen den Zähnen bohren, unangemessene Kleidung tragen, unpassenden Gedanken Luft machen, rauben, morden oder vergewaltigen oder die „falsche" Person zum Freund nehmen oder heiraten. Um solche oder andere „unmögliche“ Vorkommnisse zu verhindern, verhängen die Gesellschaften verschiedene moralische und gesetzliche Sanktionen. Keine Gesellschaft ist folglich völlig frei. Jede Gesellschaft fürchtet und ächtet einige „falsche“ Freiheiten. Jede Gesellschaft schätzt die „richtigen“ Freiheiten und versucht, in deren Genuß zu kommen.

7. Freiheit ist also in der Praxis nie eine Einheit. Es geht bei ihr nie um die Frage nach einem Alles oder Nichts. Sie ist immer ein Betriebssystem (wenn auch ein verworrenes) bestimmter Freiheiten und deren Einschränkungen. Einige Freiheiten finden Zustimmung und werden gestützt, andere werden abgelehnt und unterdrückt. Und für jede Freiheit, die zugesichert wird, braucht man eine Einschränkung, um Konflikte zu vermeiden, wenn sie von anderen in Anspruch genommen wird. Meine Freiheit, einer Kirche meiner Wahl beizutreten, erlegt denen eine Einschränkung auf, die mich daran hindern möchten, dort zu beten. Meine Freiheit, unbequeme Gedanken auszusprechen, erlegt denen eine Einschränkung auf, die mich ansonsten zum Schweigen bringen würden. Die Frage lautet nie, Freiheit oder Sklaverei. Es geht immer darum, welche Freiheit für wen, unter welchen Umständen, in welchem Umfang und wie lange. Freiheit ist immer etwas Spezifisches, und spezifische Freiheiten erfordern stets begleitende Beschränkungen, wenn sie verwirklicht werden sollen.

8. Freiheitssysteme müssen aus qualitativen, nicht quantitativen Gründen verteidigt oder verurteilt werden. Ein Urteil über die Freiheit zum Beispiel in den USA oder der UdSSR hat nicht danach zu gehen, wie viele Freiheiten in einen und im anderen Land existieren, sondern danach, welche Freiheiten im einen in Anspruch genommen werden können oder im anderen verwehrt werden. Wenn die Freiheit der Rede, der Presse oder politischer Opposition als entscheidend angesehen wird, sind weniger wichtige Freiheiten, egal wie viele, nicht in der Lage, ein Gleichgewicht herzustellen.

Aus diesen und anderen Gründen ist die Freiheit vielleicht der widersprüchlichste und vielgestaltigste politische Begriff und das nach wie vor schwierigste politische Problem.

Abschließendes ‚Credo für Liberale'

Achten Sie die Freiheit mehr als alle anderen Werte, auch mehr als die Gleichheit und Gerechtigkeit.

Solange Ungleichheiten existieren, und in der einen oder anderen Form wird es sie immer geben, ist die Freiheit notwendig, wenn der Mensch diese Ungleichheiten, die er für Unrecht hält, erörtern und korrigieren soll. Der Freiheit ist auch der Vorrang vor abstrakten Forderungen nach Gerechtigkeit einzuräumen, denn da die Menschen sich nicht nur uneinig darüber sind, was Gerechtigkeit ist, sondern auch darüber, was sie zur Folge hat, ist Freiheit unerläßlich, wenn die Menschen friedlich und vernünftig diese Meinungsverschiedenheiten untersuchen und aus der Welt schaffen sollen. Außerdem ist die Freiheit für die Wahrheitsfindung unentbehrlich, und wenn auch nur, weil die Freiheit der Forschung und die Meinungsfreiheit unbedingt erforderlich sind, um Irrtümer zu berichtigen. Und sie ist natürlich auch für das Alleinsein erforderlich, ohne das sich niemand von der Masse absondern und seine Individualität entdecken kann. Freiheit ist etwas so Gutes und Wichtiges, daß ihr Schlachtruf, „Laß mich in Ruhe", vielleicht der Satz ist, den die Menschen zwischen Wiege und Grab am häufigsten aussprechen.

Respektieren Sie die Menschen, nicht den Besitz, doch übersehen Sie nicht die positive Rolle des Besitzes für die Förderung des menschlichen Wohlergehens.

Soweit Besitz für die Freiheit von Bedeutung ist – als ausgleichende Kraft gegen den Staat, als Mittel zur Selbständigkeit und Entwicklung der eigenen Persönlichkeit, als Werkzeug, das die Vielfalt des Erkundens steigert –, treten Sie für die Forderungen der Menschen nach Privatbesitz ein. Soweit Besitz eine Form oberster Herrschaft ist, die diejenigen, die sie innehaben, in die Lage versetzt, eine übergeordnete Stellung gegenüber anderen einzunehmen und Macht über sie auszuüben, und sie auch zum Nachteil des öffentlichen Wohls für private Zwecke zu nutzen, begrenzen und überwachen Sie diesen Besitz. Das Kriterium ist der soziale Nutzen, nicht ein Naturrecht, denn Rechte beziehen sich nur auf den Menschen, und nur das ist Recht, was die Menschheit schützt und erhebt. „Laß mich in Ruhe“ ist nicht gleichbedeutend mitr „Laß die Finger vom Geschäft“.

Mißtrauen Sie der Macht, auch der von Mehrheiten.
Macht kann durchaus einen guten Menschen befähigen, Gutes zu tun, aber Macht, und auch das Nichtvorhandensein von Macht, neigt immer dazu zu korrumpieren. Demjenigen, der Macht hat, gibt sie über Gebühr das Gefühl der eigenen Bedeutung ein; sie umgibt ihn mit Schmeichlern, die ihm sagen, was er hören möchte, nicht das, was man ihm sagen müßte.

Mißtrauen Sie der Autorität.
Solange man noch ein Kind ist, nimmt man Autorität hin, denn man kennt nichts anderes. Wenn man als Erwachsener etwas nicht weiß, akzeptiert man Autorität zumindest in den Bereichen (etwa der Wissenschaft oder Religion), in denen man von der eigenen Unwissenheit weiß. Aber gerade wegen dieser Unwissenheit ist dem Betreffenden auch klar, daß er nicht ermessen kann, ob die Autorität, die er anerkennt, echt ist. Und wenn er sich auf Gebiete begibt, mit denen er zwar nicht bestens, aber doch einigermaßen vertraut ist, weiß er genug, um zu erkennen, daß nichts auf dieser Welt sicher ist. Alles, was wir wissen, wissen wir nur bruchstückhaft.

Seien Sie tolerant.
Es ist zwar immer angenehmer, sich sicher zu sein, aber deshalb ist es auch so wichtig, tolerant zu sein. Gewißheit ist nur etwas für die Götter. Wir können jedoch das Unheilvolle der Unterdrückung erkennen, und erkennen es auch ...

Stehen Sie zur Demokratie.
Es stimmt zwar, daß das richtige Vorgehen hin und wieder zu einem falschen Ergebnis führen kann, aber solange wir nicht zu der Behauptung bereit sind, daß die freie Aussprache und die sorgfältige Prüfung empirischer Beweise den Zweck haben, die Menschen in die Irre zu führen, ist es doch wahrscheinlicher, daß es zum richtigen Ergebnis kommt. Das falsche Vorgehen ergibt

ohnehin nur rein zufällig und damit sehr selten das richtige Ergebnis. Entscheidend aber ist, daß, was die Demokratie zum richtigen Verfahren macht, das ist, daß sie Maßnahmen zur Korrektur von Fehlern mit einschließt.

Achten Sie die Wahrheit und die Vernunft.
Legenden mögen nützlich sein, aber es ist die Sache eines nüchtern denkenden Menschen, sowohl die Legenden wie auch die Gründe für ihre Nützlichkeit zu begreifen und sich nicht von ihnen täuschen zu lassen.

Erkennen Sie die Unvermeidlichkeit des Wandels an.
Nichts ist ewig, weder der Mensch, noch Staaten, noch Institutionen, und Ruhe ist eine Illusion. Fürchten Sie die Revolution, denn der Erfolg einer Revolution sind nur der Sieg der Revolutionäre und die Korruption ihrer Grundsätze wie ihrer Ehre. Bemühen Sie sich statt dessen um die Reform, denn auch wenn sie langsam ist, so ist sie doch von Dauer. Sie wird ein Minimum an Unrecht mit sich bringen und weitere Reformen möglich machen, welche die sich stetig verändernde Wirklichkeit dem Ideal näherbringen.

Verachten Sie den Kompromiß nicht.
Widersetzen Sie sich der Gewalt. Unterscheiden Sie zwischen legitimer Gewalt durch eine demokratische Regierung und Gewalt gegen die Regierung, gegen Recht und öffentliche Ordnung, gegen Eigentum und Menschenleben.

Bewahren Sie sich aber vor allem Ihren kritischen Verstand.

Rückblick nach vorn

Kenneth Minogue: **Liberalismus und europäische Kultur.** Das angelsächsische Vermächtnis / Karl Dietrich Bracher: **Ist der Liberalismus noch immer eine Ideologie?** Politisches Denken im 20. Jahrhundert / Hans-Ulrich Wehler: **Deutscher Liberalismus am Anfang.** Das Hambacher Fest vor 150 Jahren / Günter Maschke: **Zwischen allen Stühlen.** Ideengeschichtlicher Exkurs / H. R. Trevor-Roper: **Wahrheit, Liberalismus und Autorität**

Kenneth Minogue

Liberalismus und europäische Kultur

Das angelsächsische Vermächtnis

Das Gerede von der Krise des Liberalismus ist so alt wie der Liberalismus selbst. Heute gilt es einmal mehr, so der britische Historiker Kenneth Minogue, die Krisenorakel von aller publizistischen Eloquenz zu befreien und den Wandel gegenwärtiger liberaler Gesellschaften zu analysieren

Im Jahr 1964 veröffentlichte ein bekannter amerikanischer Politologe eine Sammlung literarischer Essays, deren erster Teil den Titel trug *Über die sogenannte Krise des Liberalismus.*[1] Er meinte damit eine andere Krise und wohl auch einen anderen Liberalismus als den uns heute vor Augen stehenden, denn die Zeiten ändern sich und auch Unterschiede zwischen einzelnen Ländern spielen eine Rolle. Aber sicherlich hatte er recht, als er in der Überschrift eine gewisse Skepsis gegenüber dem generellen Konzept einer *Krise des Liberalismus* ausdrückte. Andererseits wollte er aber auch nicht in Abrede stellen, daß der Liberalismus ernsthaft bedroht war. Unsere Aufgabe ist es, den Gedanken vom *krisenbedrohten Liberalismus* aus der publikumswirksamen Rhetorik der Publizisten herauszulösen und uns zu fragen, ob diese Idee nicht vielleicht einen ernsthaften Beitrag zum Verständnis des Liberalismus und seiner Gefährdung leisten kann. Als Ausgangspunkt mag an die Tatsache erinnert werden, daß der Begriff

Liberalismus in Europa erst in den 1830ern aufkam und daß nur wenig später, in den Jahren 1847 bis 1848, von Marx und Engels verkündet wurde, jenes damit eng verknüpfte und von ihnen als *bürgerliche Gesellschaft* bezeichnete Phänomen befände sich in der Krise. Wir sehen also, daß der Liberalismus von Geburt an ein Krisendasein gefristet hat. Ein solches Urteil bedarf der näheren Erklärung.

Wir fangen mit dem Liberalismus an und stellen fest, daß viele seiner konstitutiven Elemente viel älter sind als der Begriff selbst. Individualistische Rechtsauffassungen gehörten zu den grundlegenden Ideen der Aufklärung und werden meist auf John Lockes *Treatise of Government* von 1690 zurückgeführt. Dort wiederum werden lediglich Ideen ausformuliert, die schon seit längerem in Umlauf waren und zwar in einer Form, deren liberaler Charakter für uns unschwer zu erkennen ist. Einige dieser Ideen kamen aus der Theologie und standen mit der Erfindung einer neuen Moralinstanz, dem „Gewissen“, in Zusammenhang. Andere gehörten zum politischen Denken und entwickelten sich aus der von Machiavellis Schriften inspirierten Wiederbelebung republikanischer Ideale des klassischen Altertums. Im ganzen gesehen spricht also vieles dafür, den Begriff *Liberalismus* mit jenem politischen Gedankengut zu identifizieren, das dem Europa der Neuzeit sein charakteristisches Kulturgepräge gegeben hat. In allen anderen Kulturen waren schon immer die in der Gesellschaft umlaufenden Wertvorstellungen durch eine als Ausdruck der rechten Ordnung aufgefaßte Form der Gerechtigkeit harmonisiert worden, aber in Europa proklamierte man die Freiheit zu einem gleichrangigen höchsten Gut, und dies hatte eine außergewöhnlich dynamische Entwicklung zur Folge. Die moderne Industriegesellschaft war das wesentlichste Resultat, und man mag im *Kommunistischen Manifest* einen Aufschrei der Wut und Pein sehen, mit dem die Wiederherstellung der Gerechtigkeit und rechten Ordnung herbeigerufen werden sollte.

In der Krise geboren, ist der Liberalismus seither immer von neuem in Krisenstadien gefallen. Das Wort „Krise“ ist griechischen Ursprungs und erhält seinen dramatischen Unterton durch den medizinischen Wortgebrauch, der den Höhepunkt im Krankheitsverlauf bezeichnet, zu dem der Patient entweder sterben oder genesen wird. Eine Krise ist also eine Angelegenheit auf Leben und Tod, und der einzige Grund, warum wir dieses Wort immer aufs neue zur Kennzeichnung wiederkehrender Situationen im modernen Europa anwenden können, besteht darin, daß wir den Begriff zur Metapher entschärft haben und daß wir die Welt oft als eine Folge von Diskontinuitäten (oder Revolutionen) auffassen und nicht als das schicksalhafte Auf und Ab einer festen, kontinuierlichen Lebensform.

Eine Lösung für die aus der „Krisen"-Idee entstehenden konzeptionellen Probleme bietet sich durch die Erkenntnis, daß das hervorstechende Merkmal der modernen Gesellschaft eine förmliche Lust an dramatischen Veränderungen und Katastrophen ist, die wir mit unserem Hang zur Übertreibung beharrlich als „Krisen" bezeichnen. Uns scheint sich in traditionellen Gesellschaften der Wandlungsprozeß langsam und innerhalb eines festen Rahmengefüges zu vollziehen, das durch die herrschende Auffassung von der rechtmäßigen Ordnung definiert ist. Dadurch sind Katastrophen zwar nicht zu vermeiden – Mongoleneinfälle, Seuchen, mehrjährige schlechte Ernten – doch verhält es sich mit diesen Gesellschaften wie mit einem Stehaufmännchen, dessen bleibeschwerter Fuß ihm immer wieder in die ursprüngliche Position verhilft. Wir hingegen leiden an jener von Pascal diagnostizierten Ruhelosigkeit, und von der Moral bis zur Technik ist alles ständigem Wandel unterworfen. Die Rocklänge steigt und fällt zwischen Knöchel und Gesäß wie ein Jo-Jo, und kaum haben wir mit dem Plattenspieler umzugehen gelernt, gilt es das Tonbandgerät zu meistern. So disparate menschliche Tätigkeitsbereiche wie das Familienleben und die Schriftstellerei machen angeblich eine Kette von Krisen durch, und Althergebrachtes gerät zunehmend in Vergessenheit. Gleichzeitig wird an der Peripherie unseres Lebensbereichs von Kommunisten und anderen Propagandisten eines erschütterungsfreien Daseins ein ständiges Krisen-Spektakel abgehalten und unablässig jene endgültige Krise verkündet, die die revolutionäre Umwälzung einleiten soll. Im Grunde aber ist es so, daß wir gewissermaßen krisenabhängig geworden sind, wie man leicht durch einen Blick in die Zeitungen feststellen kann.

Platt gesagt, Krisen machen Spaß. Sicherlich bedeuten sie für die am meisten Betroffenen immer großes Leid, aber sie wirken auch als Herausforderung, als etwas Neues, als Chance, hervorzutreten und sich zu beweisen. Im heutigen Europa hat man die Krisen ebenso bezähmt wie das Meer und die Lüfte. Die Krisen in der modernen Welt gleichen den reizvollen Gefahren und Versuchungen eines Jahrmarkts; es sind überschaubare Formen der Spannung mit der Möglichkeit eines üblen Unfalls und doch so stark abgesichert, daß sie kaum je außer Kontrolle geraten.

*

Wenn man mit dieser Darstellung unserer heutigen Lebensformen übereinstimmt, dann müßte eine echte *Krise des Liberalismus* eine Art Meta-Krise sein, eine Krise unserer gesamten krisengeschüttelten Existenz, eine Krise am Ende aller Krisen. In der kommunistischen Terminologie würde man das eine *Revolution* nennen, was dann ein Ende jeder Angst vor ständiger Veränderung bedeutet und die Etablierung eines rationalen Systems für die Befriedigung einer bestimmten Zahl von Wünschen, die im marxistischen Sprachgebrauch *Bedürfnisse* heißen. Somit stellen sich uns zwei Fragen von zentraler Bedeutung: Was hat man sich unter einer „Meta-Krise“ des Liberalismus vorzustellen? Und welcher Art sind die wirklichen Bedrohungen unserer liberalen Ordnung im ausgehenden 20. Jahrhundert?

Wer sich einen Begriff von einer echten Krise des Liberalismus machen möchte, braucht sich nur die übrige Welt anzuschauen. Im Lauf der letzten Jahrhunderte sind westliche Sitten und Technologien in alle Ecken der Welt gedrungen und haben großen Anklang gefunden. Nur wenige Gesellschaften sind von westlichen Einflüssen auf ihre traditionellen Lebensweisen verschont geblieben, und weil die einzige Möglichkeit zum Schritthalten mit den westlichen Mächten in der Übernahme ihrer Technologien bestand, haben sich alle in unterschiedlichem Maß an der Errichtung liberaler politischer Institutionen versucht: Parlamente, politische Parteien und so weiter. Was meistens dabei herauskam, wenn auch nicht immer, war eine Parodie liberaler Institutionen, und häufig hat die Furcht vor dem Zerfall zu einer autokratischen Gegenbewegung geführt, um die im Schwinden begriffene einigende Kraft der Tradition zu stützen. Die stürmische politische Entwicklung im Iran ist vielleicht das deutlichste Beispiel für diesen Prozeß. Nichts zeigt klarer die Attraktivität westlicher Formen als die Heftigkeit ihrer Ablehnung. Das Problem, das sich Völkern anderer Kulturbereiche stellt, beruht auf der Tatsache, daß der Genuß liberaler Freiheiten nur auf der Grundlage eines komplizierten Systems von Beschränkungen und Auflagen möglich ist, die zwar mit bloßem Auge nicht zu erkennen sind, die aber das verborgene Fundament einer liberalen Gesellschaft bilden.

Freiheit nämlich ist eine Kunst, die die Europäer im Laufe vieler Jahrhunderte herausgebildet haben, und Nichteuropäer stecken in derselben Schwierigkeit wie Zuschauer, die die scheinbar mühelos vollführten imponierenden Leistungen von Sportlern oder Artisten nachmachen wollen, ohne zu bedenken, daß dieses Können das Ergebnis langer, geduldiger Selbstdisziplinierung ist. Es *scheint* so einfach zu sein: Wirf die Krücken einer alles regulierenden Tradition weg und laufe. Außenseitern scheinen dazu oftmals nur einige eingängige Phrasen über Freiheit, Demokratie und Menschenrechte nötig, und schon kann sich ein jeder die leichten und legeren Formen des Westlers aneignen, den eine scheinbar mühelose Mischung aus Lockerheit und Effizienz auszeichnet. Wie bei den meisten Dingen des Lebens sind die Ergebnisse offensichtlicher als die Kosten, und die Kosten des Liberalismus sind von zweierlei Art. Zum einen gehen mit so viel Freiheit unerfreuliche Nebenerscheinungen einher – wie Vereinsamung, Kommerzialisierung und die unvermeidliche Verflachung, die der Freisetzung der Massen folgt. Das ist der Preis, den wir für den Genuß unserer eigenen Freiheiten zahlen müssen. Wichtiger aber ist mir eine andere Art von Kosten und zwar eine, ohne die der Liberalismus überhaupt nicht möglich wäre. Um diese raffiniertere Art von Kosten zu verstehen, muß man einmal genau das wesentliche Element des Liberalismus zu bestimmen versuchen.

*

Dieser Frage kann man sich auf zwei Wegen nähern, und der eine läßt sich vielleicht dadurch am einfachsten erklären, daß wir uns überlegen, wie stark der Mensch im Mittelalter von Autoritäten abhängig war. Jeder hatte einen Herrn über sich, dieser Herr wiederum einen anderen Herrn, und die Hierarchie endete auf der einen Seite beim König, auf der anderen beim Papst. Über diesen beiden höchsten Herrschern stand nur Gott. Außerdem waren im Alltagsbereich Veränderungsmöglichkeiten durch Sitten und Traditionen eingeschränkt, und jede Entscheidung von der Berufswahl bis zur Eheschließung war weitestgehend vorgezeichnet. Mit der Zeit fielen diese Beschränkungen eine nach der anderen weg. Calvin und andere setzten sich für die Freiheit des Christenmenschen ein, selbst wenn sie zu ihrer Verwirklichung häufig äußerst drakonische Maßnahmen einführten. John Milton plädierte für einfachere Scheidungen und eine Aufhebung der Zensur. John Locke akzeptierte Autoritäten, wollte sie aber als Repräsentativorgane gebildet wissen. Mary Wollstonecraft vertrat die Meinung, daß Frauen nicht länger ihren Männern untertan sein sollten. Schrittweise über einen langen Zeitraum hinweg erlangte der Einzelne ein Recht nach dem anderen, bis er schließlich fast über jeden Aspekt seines Lebens selber bestimmen konnte: welchen Beruf er ergreifen, in welchem Land er leben, wen er heiraten und welcher Religion er folgen wollte, wie er sich kleiden, welche Meinungen er äußern und welche Bücher er lesen wollte. Nun brachte jeder Schritt, der den Abbau autoritärer Fremdbestimmung herbeiführte, eine Vielzahl neuer Entscheidungsmöglichkeiten. In den älteren Gesellschaften hatten die meisten über religiöse Fragen nicht weiter nachgedacht sondern, übernommen, was der Ortsgeistliche ihnen sagte. Nun lag es an ihnen, zu schwerwiegenden Fragen wie etwa der Existenz Gottes persönlich Stellung zu nehmen. Im weiteren Verlauf dieser Entwicklung wurden die Entscheidungen aus der Hand der Eltern, Älteren, Notablen, Adligen, Priester, Könige und anderer Autoritäten genommen und schlichten Bürgern in die Hände gelegt. Bei diesem Vormarsch des Liberalismus gab es an fast jedem wichtigeren Wendepunkt Kassandra-Rufe über das nahe Ende der Kultur; dazu ist es bis jetzt noch nicht gekommen, und die Tatsache, daß wir schon so weit auf diesem Weg gegangen sind und uns dennoch eines geordneten und friedlichen Gesellschaftsgefüges erfreuen, scheint zu zeigen, daß die Liberalisierung einfach und mit relativ geringen Einbußen vonstatten gehen kann. Entscheidend aber ist die Frage: Wie ist so etwas überhaupt möglich? Wenn alle Männer und Frauen ihren Wünschen und Neigungen frei nachgeben dürfen, beschwört man damit nicht gerade jene chaotischen Zustände herauf, vor denen die Menschheit zu bewahren die Legitimation der einstmaligen autoritären Herrschaft war? Wie kommt es, daß wir eine solche Katastrophe bislang vermieden haben?

Um eine Antwort auf diese Frage zu finden, müssen wir das bedeutsamste Element in unserer Art des gesellschaftlichen Miteinanders näher untersuchen. Bei uns werden öffentliche Entscheidungen in der Weise getroffen, daß im Parlament verschiedenen Gruppen von Repräsentanten sich kritisch miteinander auseinandersetzen. Der Prozeß der Rechtsfindung vollzieht sich nach einem Ritual, in dessen Mittelpunkt eine Diskussion zwischen den gegnerischen Parteien steht. Die wirtschaftliche Produktion ist in der Weise organisiert, daß die verschiedenen Hersteller über Art und Preis ihrer Waren frei bestimmen können. Mit anderen Worten: Fast alle Bereiche unserer Lebensgestaltung werden von Formen der Gegensätzlichkeit geregelt. Selbst in Fragen der Religion und Philosophie glaubt man, daß die letzte Wahrheit (wenn überhaupt) durch die widersprüchlichen Thesen der verschiedenen Richtungen zum Vorschein kommen wird. Anders gesagt: Grundlegendes Kennzeichen unserer Kultur ist der Wettkampf; und diesem Element unserer Beziehungen wird seit einigen Jahren verstärkt Beachtung geschenkt, seit Japan mit seinem grundsätzlich anderen Kulturgefüge – das im wesentlichen kooperativ statt gegnerisch ausgerichtet ist – ebenfalls mit Erfolg eine moderne Wirtschaft aufgebaut hat. Der Aufstieg Japans hat insofern wichtige moralische und politische Implikationen, als uns dadurch auf dramatische Weise die Möglichkeit vor Augen geführt wird, zwischen diesem erfolgreichen Wirtschaftssystem einerseits und unseren wettbewerbsmäßig konstituierten liberalen Institutionen andererseits zu wählen, welche bisher für die einzige solide Grundlage einer funktionierenden Wirtschaftsordnung gehalten wurden. Eine solche Abkopplung ist schon immer ein *Wunschbild* des Sozialismus gewesen, dessen Verwirklichung sich allerdings als wenig effektiv und oftmals unangenehm erwiesen hat. In Japan könnte es möglich sein, Effizienz ohne Liberalismus zu erreichen.

Die Tatsache aber, daß der Wettbewerb in unserer Gesellschaft so tief verankert ist, verstärkt nur unser ursprüngliches Problem. Selbst in sehr kohärenten Gesellschaften entwickeln Konflikte zwischen Gesellschaftsgruppen, Persönlichkeiten, Glaubensformen und Interessen oft eine Schärfe, die in Gewalttätigkeiten oder gar Bürgerkriege mündet. Uns ist bewußt, daß der Mensch des Menschen Feind werden kann, und ohne Staatlichkeit würden wir in den Hobbes'schen Naturzustand zurückfallen. Ist diese Gefahr nicht umso größer, wenn eine Gemeinschaft durch die Art ihres Zusammenlebens Konflikte nicht nur fördert, sondern zu legitimieren scheint? Und ist es nicht ein schlagender Beweis für diese Gefahr, daß in allen Staaten, auch in liberal verfaßten, das Volk in dem Augenblick, da es von Krieg oder einer anderen Art von Krise bedroht wird, sehr schnell nach einer Herrschaft der Besten ruft? So wurde noch in unserer Zeit das Schicksal Europas maßgeblich von Volksbewegungen beeinflußt, die statt der bestehenden liberalen Regierungen nach einem Diktator verlangten, der die Nation führen und ihre Kräfte vereinigen sollte. Zu Beginn der Neuzeit regierten in den meisten Ländern Europas absolutistische Herrscher; und noch heute ist Spanien, wo in den 30er Jahren Schwierigkeiten mit einer demokratischen Verfassung zum Bürgerkrieg und in die Diktatur führten, für alle Liberalen ein Objekt nervösen Interesses. Das Problem läßt sich in seiner allgemeinsten Form so formulieren: In einer auf Wettbewerb gegründeten Kultur gibt es immer welche, die gewinnen, und andere, die verlieren. Die resultierende chronische Ungleichheit birgt ständig die Gefahr gesellschaftlicher Destabilisierung. Diesen Gedanken finden wir im siebten Buch von Platos *Staat* und auf ihn gründet sich die doktrinäre Kritik der Marxisten.

Marx, der seine Argumente aus dem allgemeinen Umfeld liberaler europäischer Traditionen bezog, war ein bemerkenswerter Kritiker des Liberalismus; seine Doktrin zielt auf eine pauschale Ablehnung des Liberalismus ab, wie die gesamte marxistische Kritik am *Kapitalismus* und an der *bürgerlichen Demokratie* zeigt. Ein kurzer Blick auf die mit diesen Begriffen verknüpften Thesen klärt uns darüber auf, daß der Liberalismus nicht allein zu instabilen gesellschaftlichen Organisationen führt, sondern schlimmer noch, daß er ein Produkt der selbstsüchtigen Anlagen im Menschen ist. Marx zufolge hat die Bourgeoisie das Leben auf die abstrakteste Form des Konflikts reduziert: auf eine Konfliktsituation, in der Egoisten um dasselbe Gut streiten, was bei Politologen und Wirtschaftstheoretikern heute unter dem Begriff des „Null-Summen-Spiels" diskutiert wird. Die Liberalen waren sich oft selbst der größte Feind, und zweifellos haben sie ihrer Sache dadurch immensen Schaden zugefügt, daß sie die am Wettbewerb Beteiligten als vom Eigennutz motiviert darstellten und den Wettbewerb selber als eine Form des Egoismus, dem die Bedürfnisse der anderen nichts gelten. Marx übernahm von Jeremy Bentham und anderen Utilitaristen die Idee, daß die Moral der bürgerlichen Gesellschaft in nichts weiter als gegenseitiger Ausbeutung besteht; und diesem Satz stellte er seinen Entwurf einer moralisch höherentwickelten Existenz unter dem Sozialismus entgegen.

Alle diese Theorien sind voller Unklarheiten und Inkonsequenzen. Sie lassen sich leicht durch Zeugnisse der Erfahrung widerlegen. Ist es wirklich wahr, daß die Nationen Europas ausschließlich einen engstirnigen Egoismus praktizierten? Haben sie nicht die Sklaverei abgeschafft, Hospitäler für die Kranken gebaut, Gefangene ins geordnete Leben zurückgeführt, das Erziehungssystem erweitert und den Bedürftigen geholfen? Wer glaubt, daß Mitglieder einer Kommune niemals eigennützig handeln würden, begeht einen im philosophischen Sinn kategorialen Fehler: Gerade weil sie Mitglieder einer Kommune sind, haben sie keine als individuell verstandenen und als solche anerkannten Wünsche, die sie selbstsüchtig zu befriedigen versuchen könnten. Aber es bleibt ihnen selbstverständlich unbenommen, die Situation zu ihrem eigenen Vorteil auszunutzen. Bei den Beziehungen zwischen den "Unberührbaren" und den Kasten über ihnen taucht in Indien beispielsweise Egoismus als Problem nicht auf. Uneigennützigkeit garantiert aber noch längst keine Lösung aller moralischen Probleme.

Es ist aber wichtiger, sich über die philosophischen Ursachen dieses Fehlers klar zu werden. Es ist das Unvermögen, zwischen Konflikt und Wettbewerb zu unterscheiden. Ein Konflikt endet dadurch, daß die Beteiligten ihr Ziel erreichen, es verfehlen oder einen Kompromiß schließen. Der Wettbewerb hingegen ist eine Variante des Konflikts, bei der gewisse Regeln eingehalten werden und die nach dem Muster eines Spiels verläuft. Wenn ich mit einem „Gegner" Tennis spiele, versuche ich ihn natürlich zu besiegen, aber wenn es mir dabei einzig ums Gewinnen ginge, könnte ich stets Sieger bleiben, indem ich mir schwächere Partner aussuche. Nun ist es aber ganz unerfreulich, mit schwächeren Partnern zu spielen. Das liegt daran, daß Spiele mit Wettkampfcharakter im Grunde genommen auf einer kooperativen Basis stattfinden. So betrachtet, hilft jeder Spieler dem anderen, sein Können unter Beweis zu stellen, und unsere Freude am eigentlichen Spiel (im Unterschied zu der unterscheidbaren Freude am Gewinnen) ergibt sich aus der Befriedigung über die Eigenschaften und die Geschicklichkeit, die wir in der Aufregung des Wechselspiels an uns entdecken.

Eine solche Situation unterscheidet sich grundsätzlich von einem Konflikt, in dem zum Beispiel zwei Staaten um ein Gebiet oder ein ähnliches materielles Gut kämpfen. Das heißt, man kann den Wettbewerb nicht als eine reine Konfliktvariante betrachten, da bei ihm der Konflikt, aber *auch* die Zusammenarbeit eine Rolle spielen. Zudem fallen dabei egoistische Motive nicht stark ins Gewicht, vermögen wir doch durchaus während des Spiels uns über die Geschicklichkeit und oftmals die Großzügigkeit des Kontrahenten zu freuen. Sicher nehmen wir den Sieg manchmal so wichtig, daß wir das Spiel als eine Konfliktsituation empfinden; wenn wir unbedingt gewinnen wollen, lassen wir uns vielleicht sogar zum Betrügen hinreißen, und das ist ein untrügliches Zeichen für den Übergang vom Wettbewerb zum Konflikt.

Mit den Augen einer traditionellen Gesellschaft gesehen, bietet ein liberales Staatswesen also ein ganz falsches Bild. Dort scheint es ständige Auseinandersetzungen zu geben, während es sich in

Wirklichkeit um eine (wenn auch versteckte) bemerkenswert homogene Form des Zusammenlebens handelt. Das beweist sich an der einfallsreichen Gestaltung ihres Zusammenlebens, sobald die Bürger eines liberalen Staates sich mit Krieg oder einem anderen nationalen Notstand konfrontiert sehen. Adolf Hitler scheint sich in den 30er Jahren über das soziale Einigungspotential bei den Engländern getäuscht zu haben, weil er in eben der Weise den Charakter der liberalen Gesellschaft mißverstanden hatte. Oder umgekehrt formuliert: Durch eine liberale Gesellschaftsordnung lassen sich Konflikte in Wettbewerbsformen umgestalten und dadurch den Bürgern Formen sozialen Zusammengehörigkeitsgefühls entlocken, die ich als das unsichtbare Fundament des Liberalismus bezeichnet habe.

Eine Unterscheidung ganz ähnlicher Art, wie ich sie zwischen Konflikt und Wettbewerb aufgezeigt habe, existiert im politischen Denken schon seit langem. Machiavelli zum Beispiel meinte, daß in Rom die Auseinandersetzungen zwischen Patriziern und Plebejern in Wirklichkeit der Freiheit der Römer förderlich waren und nicht etwa eine Gefährdung derselben darstellten.[3] Sie führten zu einer Reform der Verfassung und stärkten die *virtù* der Bürger. Sein Argument lief jedoch mitnichten darauf hinaus, daß in jedem Konflikt heilsame Kräfte liegen. Die positiven Auswirkungen zeigten sich darin, daß im Augenblick der Gefährdung Roms Patrizier und Plebejer sich zu seiner Verteidigung zusammenfanden. Denn Rom war zu jener Zeit eine gesunde Republik, und den gegenteiligen Zustand bezeichnete Machiavelli als „Korruption“. Korruption bedeutete, daß die Bürger keine patriotischen Gefühle mehr empfanden und ihre privaten Interessen über das Gemeinwohl setzten. Da machte es auch keinen Unterschied, ob die privaten Interessen kommerzieller oder heroischer Natur waren – Blutrache gegen eine andere Familie auszuüben war ebenso ein Zeichen der Korruption wie das Einnehmen von Bestechungsgeldern. Jede Verfolgung ausschließlich privater Interessen bedrohte den Staat. Dieses Konzept der Tugend als dem Ausfluß eines Patriotismus-Verständnisses, demzufolge jedes menschliche Handeln einem höchsten Gut unterzuordnen war, ist ein Kennzeichen aller auf Machiavelli basierenden Theoretiker republikanischer Ideen einschließlich Montesquieus, der zum Liberalismus die Theorie von der „Gewaltenteilung" beisteuerte.

Es hat sehr lange gebraucht, bis sich aus den recht undeutlichen und mehr intuitiven Einsichten über die positiven Aspekte des Konflikts ein klares Verständnis vom Wesen des Wettbewerbs herausgebildet hatte; und sogar heute noch ist dies den meisten unbekannt. Alle jene, die die durch den Liberalismus aufgeworfenen Fragen verstanden, haben sich unsere Frage nach den Ursprüngen und der Erhaltung der grundlegenden Einheit inmitten solch konkurrierender Vielfalt gestellt und meist damit zu beantworten versucht, daß sie einen übergreifenden Gefühlswert postulierten, der dem bedrohlichen Konfliktpotential entgegenwirkte. Viele betrachteten in Anlehnung an Machiavelli einen patriotischen Sinn fürs Gemeinwohl als das ausschlaggebende Element, während in jüngerer Zeit diese Vorstellung als eine „Einigung über Grundsätzliches" intellektualisiert worden ist. Ihre eindeutige Formulierung findet diese Auffassung in der Unabhängigkeitserklärung der nordamerikanischen Staaten von 1776. Sie beginnt mit den Worten „Wir halten diese Wahrheiten für selbstverständlich ..." und zählt dann die Rechte auf Leben, Freiheit und das Streben nach Glück auf. Die Erfahrungen der USA mit dem Liberalismus wiegen sicher schwerer als die aller anderen Nationen, sahen sich die Amerikaner doch auf breiter Ebene mit dem Problem konfrontiert, in ihre Gemeinschaft „Barbaren" einzugliedern, die erst einmal über die innere Gestalt eines liberalen Staatswesens aufgeklärt werden mußten, denn den Einwanderern war jede direkte Erfahrung mit derlei Lebensformen unbekannt. Man löste das Problem durch die Schaffung eines an Symbolen und Legenden orientierten Patriotismus. Diese Art sozialen Fugenkitts ist jedoch allen Gesellschaften gemein; und wahrscheinlich kommt man nie ganz ohne ihn aus. Inzwischen wird aber immer deutlicher, daß der Liberalismus, dieses politische System für ein nach dem Muster von Wettkampfspielen verstandenes Zusammenleben, eigentlich auf einer *verfahrensmäßigen* Form der Einheit beruht. Alle Konflikte sollen anhand eines akzeptierten Regelkatalogs geschlichtet werden, und für die meisten echten Mißstände gibt es aussichtsreiche Abhilfemöglichkeiten, sei es die Anrufung einer höheren Instanz oder der Versuch, auf politischem Weg eine Änderung der Gesetze herbeizuführen. Man könnte sagen, daß alle mit diesen Regeln *einverstanden* sind, aber genauer gesagt ist es so, daß in der *Praxis* fast ein jeder diese Art rechtlich umschriebener Existenz lebt, wie auch immer er sich dazu äußern mag.

Wir können nunmehr feststellen, was das Besondere am Liberalismus ist und somit auch ein tieferes Verständnis von der Krise des Liberalismus bekommen.

Der Liberalismus läßt sich mittels zweier ihm konträr entgegenstehenden soziopolitischen Bedingungen definieren. Das ist zum einen der Hobbes'sche Naturzustand, bei dem wegen der allgemeinen Unsicherheiten gegenseitige Aggressionen auftreten. Zum anderen handelt es sich um jede Form von Despotie, bei der alle Herrschaft, alle Regelung des menschlichen Handelns beim Staat oder einer anderen absoluten Ordnungsmacht liegt, wodurch dem Einzelnen die moralische Autonomie genommen wird und er sich ausschließlich von Impulsen und Bedürfnissen leiten läßt. Oberstes Prinzip solcher Verhältnisse ist die Befriedigung.

Diese beiden Gegenpole zum Liberalismus sind die theoretischen Extreme, denen sich viele der menschlichen Gesellschaftssysteme zuordnen lassen, und sie treten auch näherungsweise in Kulturen auf, welche zwar vom Liberalismus berührt wurden, ihn jedoch nie zu meistern verstanden haben. Rußland mag als Beispiel dienen, möglicherweise auch Spanien. Dort werden die Schrauben mal lockerer, mal fester gedreht, aber ganz kommt man ohne sie nicht aus. Wenn man diese antithetischen Formen als den dialektischen Spielraum des Politischen in vielen Ländern nimmt, dann mag man im Liberalismus eine Möglichkeit der Daseinsgestaltung sehen, bei der beide vermieden werden. Dies geschieht durch eine neuartige Ausweitung des Begriffs von der moralischen und politischen Verantwortung. Liberalismus äußert sich als die Fähigkeit des Einzelnen zur Selbstbestimmung im Rahmen der Gesetze, und deswegen erklärt man ihn oft mit einem Rekurs auf den Begriff der moralischen Autonomie.

So sehr wir uns auch zu dieser unserer Fähigkeit gratulieren mögen, sollten wir doch nicht in den Irrtum verfallen zu glauben, daß anderen diese Fähigkeit einfach *fehlt*. Ein solcher Irrtum würde es uns unmöglich machen, die bedenkenswerten Argumente für die vielseitige Ablehnung des Liberalismus zu verstehen – Argumente, die von einem der unentbehrlichen Partner des Libcralismus beständig in den politischen Diskurs hineingetragcn werden, nämlich vom Konservatismus. Alle Fähigkeiten, die wir uns aneignen, haben ihren Preis, und was uns der Liberalismus kostet, ist möglicherweise der Verlust von Spontanität und einem wohligen Zusammengehörigkeitsgefühl, wie es viele kleinere Gemeinschaften in anderen Kulturen haben.

Der liberale Individualist vereint in seiner Person eine Vielzahl von Interessen und Beziehungen, und er erkauft sich diese Vielfalt häufig durch den Verzicht auf ein direkteres Engagement für spezielle Belange. Darüberhinaus zeigen Menschen angesichts der freien Möglichkeiten des Ausdrucks oft unerquickliche Seiten ihres Innenlebens. Dennoch bietet der Liberalismus im Vergleich zur Treibhausenge anderer Gesellschaften den einzigen Garten, wo tatsächlich hundert Blumen blühen, und er wirkt auf die Untertanen fremder Despotien derartig attraktiv, daß er in vielen Teilen der Welt auf Feindseligkeit und Haß stößt, womit er sich abfinden können muß. Schon allein die Existenz einer liberalen Gesellschaft, wo Flüchtlinge Aufnahme finden, ist für alle anderen Herrschaftssysteme eine Bedrohung.

Wenn also unter Liberalismus die Autonomie des Willens im Rahmen der Gesetze verstanden wird, dann besteht die einzige wirkliche Krise des *Liberalismus*[4] in der Zerstörung dieser Autonomie. Für eine solche Zerstörung gibt es nur zwei Möglichkeiten: zum einen durch die Zerstörung jener Bereiche, in denen die Einzelnen autonom sind; zum anderen, wenn aus den Regeln, nach denen die Einzelnen ihr Leben gestalten, Befehle einer einzigen und absoluten despotischen Instanz würden. Und vielleicht können wir verschiedene Möglichkeiten aufzeigen, wie der freie Bürger einer liberalen Ordnung unter die Tyrannei eines von Befehlen gelenkten Lebens geraten kann.

Der direkteste Weg ist die Machtergreifung eines Diktators,

wie es in diesem Jahrhundert in den totalitären Staaten passiert ist. Weniger direkt wirkt ein stetes Anwachsen des Vorschriftenkatalogs, bis dadurch die Autonomie des Einzelnen in Gefahr gerät, sobald nämlich jede Handlung, die der Einzelne aus privaten Gründen auszuführen gedenkt, ihn mit der einen oder anderen Vorschrift in Konflikt bringt. Diese zweite Form der Bedrohung des Liberalismus ist deshalb besonders heimtückisch, weil sie ganz allmählich an Boden gewinnen kann; und weil bei diesem Prozeß – da sich für jede Vorschrift gute Argumente finden lassen – jeder einzelne Schritt im Namen von Moral und Mitgefühl, von Gerechtigkeit oder dem Schutz der Bedürftigen getan werden mag.

Letzten Endes lassen sich diese beiden Formen der Bedrohung auf ein gemeinsames Prinzip reduzieren, daß nämlich jede Bedrohung der moralischen Autonomie eine Bedrohung für den Liberalismus ist. Nun mag sich eine solche Bedrohung der Autonomie nicht nur durch eine kontinuierliche Verdichtung des Vorschriftennetzes aufbauen, sondern auch durch einen langsamen und stetigen Wandel der öffentlichen Meinung in liberalen Gesellschaften.

Alle Gestaltungsweisen des Lebens und so auch der Liberalismus beruhen auf einer Anzahl von konstitutiven „Mythen", die dem Aufkommen konträrer Formen entgegenwirken sollen. Ich bezeichne diese Überzeugungen als „Mythen", weil dabei Aussagen für absolut wahr gehalten werden, die zu beweisen oder überhaupt zu begründen Berufsphilosophen eventuell Schwierigkeiten bereiten mag. Der wichtigste „Mythos" des Liberalismus besagt, daß jeder Mensch psychologisch selbständig und moralisch autonom ist. Voraussetzung für die liberale Gesellschaft war der Gedanke – und hier greifen wir auf griechisches Ideengut zurück – daß aufgrund der Existenzfähigkeit eines vom Konsens der Bürger getragenen Gemeinwesens der Mensch als ein mit Vernunft begabtes Wesen gelten muß. Das heißt dann, daß ein von Leidenschaft getragenes Interesse (man könnte es sogar ein krankhaftes Interesse nennen) – bei dem der Mensch unter dem Einfluß seiner Gefühle, Berater, Eltern, der umgebenden Gesellschaft und so fort zum Opfer seiner Außenwelt und damit entmündigt wird – bei manchen Menschen Unzufriedenheit mit der Methode des Diskurses erzeugt (denn mit in diesem Sinn entmündigten Wesen läßt sich nicht diskutieren) und ihnen eine Diktatur der Rechtgläubigen wünschenswert erscheint.[5] Aus diesem Grund sind die meisten Formen des Positivismus eine Gefahr für den Liberalismus, und wenn in einer Gesellschaft Überzeugungen dieser Art breiten Anklang finden, können wir zu recht von einer „Krise" sprechen.

In den 30er Jahren schrieb der englische Philosoph R. G. Collingwood über die Art und Weise, wie eine philosophische Strömung, die er als „Realismus" bezeichnete, die Bedeutung von Idealen und Prinzipien im Alltagsleben zu mindern suchte:

> *„Wenn die Realisten es mit Bedacht darauf angelegt hätten, eine neue Generation von Engländern zu potentiellen Opfern jeder Art von Betrügern zu erziehen, von Spekulanten mit moralischen und politischen, kommerziellen und religiösen Gütern, die an die Gefühle appellieren und jedem persönliche Reichtümer versprechen, ohne diese Versprechungen halten zu können oder zu wollen, sie hätten keinen besseren Weg finden können."*[6]

Diese Art von oberflächlichem Skeptizismus gegenüber der moralischen Verantwortung, die Collingwood hier kritisiert, wird heute von der Jugend an den Universitäten als eine der ersten Posen übernommen. Haben sie sich erst einmal eingeredet, daß sich das menschliche Denken nicht grundlegend von der Meteorologie unterscheidet mit ihren wirbelnden Elementen, die uns mitreißen, finden sie dann desto leichter dazu, ihre resultierende Verunsicherung mit jener „Katastrophenstimmung" zu erklären, deren morbide Phantasie augenblicklich mit Visionen von nuklearer Endzeit, weitverbreitetem Hungertod, Zerstörung der Umwelt und dem Leiden der Füchse erfüllt ist.

Je mehr der Glaube an die Autonomie des Menschen als einem Wert an sich an Boden verliert, desto mehr Gewicht wird breitenwirksamen Zielen beigemessen, und das bedeutet, daß angeblich Wünschenswertes per Verordnung eingeführt werden wird. Der liberale Grundsatz der Chancengleichheit zum Beispiel gilt als ungenügend verwirklicht, solange die Chancen nicht nach einem der Statistik nach wünschenswertem Schlüssel in Bezug auf Rasse,

Klasse oder Geschlecht verteilt sind. Die Anstrengungen des Einzelnen darf man also getrost übergehen, die gewünschten Resultate werden gesetzlich vorgeschrieben. Bei einem solchen Vorgehen, das genau dem despotischen entspricht, geschieht die Regelung der menschlichen Interaktionen nicht mehr aufgrund vielgestaltiger Denk- und Entscheidungsprozesse, sondern aufgrund eines einzigen amtlichen Erlasses; wodurch der liberalen Gesellschaft dann ein weiteres rigides und statisches Element auferlegt worden wäre, deren einstige Flexibilität und Kreativität gerade durch das Fehlen solcher bürokratischen Vorschriften ermöglicht worden war. Schulen und Universitäten gehören zu den wichtigen Bereichen, wo sich Privatinitiative entfalten kann, und gerade dort muß man sich seit einiger Zeit staatlichen Maßnahmen unterordnen. Ihr Schicksal veranschaulicht klar genug die allmähliche Erosion jener Sphären, wo der Einzelne tatsächlich die Möglichkeit hat zu entscheiden, wie und mit wem er sein Leben gestalten möchte.

Für derartige Beschneidungen der Privatsphäre werden natürlich immer die edelsten Motive angeführt, tarnen sich doch die meisten gegenwärtigen politischen Bewegungen mit einem gefühlsbetonten Vokabular von Moral und Mitgefühl. In letzter Zeit sind in dieser Richtung einige bemerkenswerte Schritte gemacht worden, vor allem in den USA, wo vom Gesetzgeber verlangt wird, daß alle Disziplinarmaßnahmen an den Schulen wie ordentliche Rechtsverfahren behandelt werden; das gilt auch für den Bereich der Familie, wo sich die Kinder an einen eigens bestallten Beamten wenden können, der ihre Rechte gegenüber ihren Eltern vertritt. Ein Lehrer, der einen Schüler wegen Störung des Prüfungsverlaufs zurechtgewiesen hatte, berichtet, daß nach Einreichung einer Beschwerde über diese Maßnahme am nächsten Tag „die Polizei ins Haus kam, mich verhaftete und in Handschellen abführte“.[7] Diese Entwicklung ist vor allem deshalb so bedeutsam, weil hier eine angebliche *Erweiterung* der Menschenrechte zur unmittelbaren Bedrohung der liberalen Institutionen gerät. Wir sehen also, wie viele der Gefahren, von denen der Liberalismus bedroht ist, nicht mit den klassischen liberalen Sorgen um Zensur, geheime staatliche Machenschaften oder

Schwachstellen in den Bürgerrechten zusammenhängen (alles durchaus reale Bedrohungen, aber vertraute und überschaubare), sondern sich aus der Verwirklichung auf den ersten Blick einwandfrei liberaler Prinzipien ergeben.

1. David Spitz, *Essays in the Liberal Idea of Freedom.* Tucson: University of Arizona Press, 1953, Vorwort
2. Siehe dazu C. S. Lewis, *Studies in Words.* Cambridge University Press, 1960
3. *Betrachtungen über die ersten zehn Bücher des Titus Livius.* I. Buch, Kap. 3
4. Eine analoge Unterscheidung in unserer gegenwärtigen Katastrophenstimmung wäre zwischen Vorstellungen von der Krise der Menschheit und von ihrer Zukunft auf dieser Erde
5. Meine Diskussion dieser Auffassung findet sich in „The Myth of Social Conditioning", *Policy Review,* Nr. 18, Herbst 1981
6. *An Autobiography.* Oxford University Press, 1939, S. 48–49
7. Ein Zitat aus *The New York Teacher,* zitiert von Gerald Grant in „Children: Rights and Adult Confusions" in *The Public Interest,* 69, Herbst 1982, S. 95

Für mich ergibt sich daraus, daß es für die liberale Theorie durchaus wichtig ist, ein Konzept zur Krisensituation des Liberalismus zu erarbeiten, jedoch erst nach einer sehr sorgfältigen Ablösung von den vertrauteren „Krisen"-Beschwörungen, die uns so faszinieren. Wer die wahre Krise des Liberalismus verfolgen will, muß ständig den Zustand liberaler Gesellschaften analysieren, der sich mit jedem Jahr subtil verändert; und solche Wachsamkeit ist vonnöten, weil sich liberale Gesellschaften viel mehr als alle anderen sozialen Gebilde der Menschen auf einer kontinuierlichen Fahrt durch unbekannte Gewässer befinden. Beständig sind wir mit neuen Situationen konfrontiert. Weil in der Vergangenheit viele Krisen auftauchten und sich wieder beruhigten, haben wir genug Mut und Selbstsicherheit gesammelt, um nicht bei jeder heftigen Bö gleich in Windeseile alle Luken zu verschließen. Aber nur weil wir manche Liberalisierung in der Vergangenheit schadlos überstanden haben, sollten wir nicht die Möglichkeit übersehen, daß ähnliche Liberalisierungen heute unangenehme Auswirkungen haben könnten. Mit jeder Generation entfernen wir uns weiter von den zahlreichen Stützen der Tradition, der wir entstammen, und es muß offen bleiben, wie sehr wir unsere Stabilität und unseren Erfolg nicht gerade diesem Ballast zu verdanken haben. Jedenfalls geht er rapide verloren.

Karl Dietrich Bracher

Ist der Liberalismus noch immer eine Ideologie?

Ein historischer Rückblick

Die Geschichte des Liberalismus ist die Geschichte seiner Wandlungen und Anfechtungen. Ein Verständnis jener gegenwärtigen *Krise des Liberalismus*, die man auch aus dem Zustand der FDP nach dem Regierungswechsel in Bonn herauslesen mag, muß sich zunächst einmal dieser historischen Tatsache bewußt sein (Der Verf. verweist besonders auf seine beiden letzten Bücher: *Geschichte und Gewalt* (Berlin 1981) und *Zeit der Ideologien,* (Stuttgart 1982)). Das gilt zumal für das Auf und Ab des politischen Liberalismus in den letzten hundert Jahren.

Für die Entwicklung der liberalen Theorien bedeutete seit je das Vordringen des Staates und seiner Gesetzgebung in immer weitere Bereiche der Gesellschaft und Wirtschaft eine doppelte Anfechtung. Auf der einen Seite beeinträchtigte sie die klassische Auffassung von der völlig freien und dadurch gleichsam automatisch aufwärtsführenden Entwicklung. Mit dem Aufstieg wirtschaftlicher Interessenverbände und Gewerkschaften gewannen verbands- und staatspolitische Interventionen im letzten Viertel des 19. Jahrhunderts an Bedeutung, woran gerade die liberalen Parteien entgegen ihren ursprünglichen Prinzipien wesentlich beteiligt waren.

Auf der anderen Seite zwang der Konkurrenzkampf mit den nach wie vor mächtigen Konservativen (und ihrer Agrarpolitik) wie mit den aufsteigenden Sozialisten (und ihrer Sozialpolitik)

Korrekturen an der reinen Lehre, die ja schon im *Sozialliberalismus* von John Stuart Mill angelegt waren und seit der Jahrhundertwende die Auffassungen über die Rolle des Staates und die Anforderungen der Demokratie einschneidend veränderten.

Der Liberalismus war mit dem modernen Fortschrittsgedanken groß geworden. Nun erlitt der Glaube an seine künftige allgemeine Geltung empfindliche Einbußen. Das galt nicht nur für den ökonomischen *Laisser-faire-Liberalismus* selbst, sondern auch für die Überzeugung von dem politischen Vorrang der Freiheit von der Gleichheit, des Einzelnen vor dem Kollektiv. Die drängende soziale Frage, der ausgreifende Imperalismus, schließlich der zum Ersten Weltkrieg führende Nationalismus waren politische Herausforderungen, die weit über die individualistischen und rationalen Grundaxiome des Liberalismus hinauswiesen.

Auf der einen Seite ertönte nicht zuletzt in England die Schreckenswarnung vor einem drohenden „Kollektivismus", der die Liberalen zu überrollen drohe. Auch im klassischen Land John Lockes und Adam Smiths fühlten sie sich in eine Defensivhaltung gedrängt. Der einflußreiche Soziologe Herbert Spencer beklagte schon 1884 in einem Buch mit dem alarmierenden Titel *Man versus the State* die zunehmenden parlamentarischen Sündenfälle gegen das Prinzip des freien Marktes.

Auf der anderen Seite drängten sowohl die humanitären wie die nationalen Empfindungen angesichts der stürmischen industriellen und politischen Entwicklungen auch die liberalen Theoretiker immer stärker zur Rechtfertigung oder gar Befürwortung von staatlichen Maßnahmen, die nicht nur ihrem Credo des Nachtwächterstaates, sondern auch dem Glauben an die freie Entwicklung der Gesellschaft immer neue Stöße versetzten.

Es zeigte sich, daß Liberalismus und Humanismus, Einzelrechte und Menschenrechte unlöslich miteinander verflochten waren. Die notwendigen Reformen gegen die Übel der Industrialisierung und des Machtmißbrauchs erforderten immer neue Eingriffe in die freie Entwicklung. Das liberale Dilemma lag klar zutage. Wie die Konservativen zwischen Reaktion und Kontinuität, die Sozialisten zwischen Revolution und Demokratie, so waren die Liberalen eingeklemmt zwischen ihren ökonomischen und politischen Postulaten. Und in allen Fällen lief die Lösung des Dilemmas auf eine Stärkung des Staates hinaus.

Die Täuschungen und Enttäuschungen um den Liberalismus wurden zum Ansatzpunkt für die verschiedensten Versuche der Anpassung und Modernisierung. Aber jede soziale oder nationale Modifikation nahm dem Liberalismus ein Stück seiner überzeugenden Konsequenz und verstärkte zugleich den Eindruck der Kritiker von rechts wie von links, daß das liberale und bürgerliche Zeitalter seinem Ende entgegengehe. In England mit seinem Zweiparteiensystem gelang es noch länger als anderwärts, sein Absinken zu einer bloßen Klassen- und Interessenpartei zu verhindern und die soziale Komponente zu integrieren. Auf dem Kontinent waren die Spaltungen und Richtungskämpfe längst im Gange, die vor und besonders nach dem Ersten Weltkrieg die liberale Theorie entweder interessenpolitisch verengten oder in allgemeine Postulate überführten – und damit eine eigene Partei im selben Maße entbehrlich machten, als liberale Auffassungen von anderen demokratischen Parteien übernommen wurden.

In Deutschland wurde die soziale Implikation des Liberalismus besonders von dem protestantischen Pfarrer und „nationalsozialen" Politiker-Publizisten Friedrich Naumann (1860-1919) aufgegriffen, zu dessen Freunden Max Weber und Hugo Preuß, zu dessen Schülern schließlich sein Biograph Theodor Heuss gehörten. Bildung im breiten Sinne der „Volkserziehung", aber auch der religiösen Komponente des Sozialen maß Naumann hohe Bedeutung bei. Soziale Gerechtigkeit, politische Beteiligung aller Bürger, auch an den Früchten des Fortschritts, gehörten zu den Verpflichtungen der liberalen Idee unter den Bedingungen der Gegenwart.

Die Versuche einer Versöhnung des Liberalismus mit den sozialen und nationalen Strömungen der Zeit gingen freilich auf Kosten seiner Eindeutigkeit und Stringenz. Damit geriet er lange vor seiner parteipolitischen Schrumpfung zusammen mit dem Rationalismus und dem Individualismus in die Mühlen des Zweifels, der Kapitalismus- und Zivilisationskritik, die dem Irrationalismus und Kollektivismus entweder anarchischer oder autoritärer Staatstheorien das Material zur Zerstörung des Fortschritts- und Freiheitsgedankens lieferten.

Was die liberalen „Revisionisten“ um die Jahrhundertwende beschäftigte, war die volle Berücksichtigung der sozialen Natur des Menschen, aber auch seiner nichtrationalen Bedürfnisse und Anfälligkciten . Naumanns sozialer Nationalgedanke enthielt eine Kritik am *laisser-faire*-Industrialismus und seinen sozialen Folgen. Durch Aufgeschlossenheit gegenüber der mächtigen sozialen Strömung suchte man diese für eine liberale Demokratie zu gewinnen oder zu retten, wollte sie in erneuerter Form als zeitgemäß und offen für die soziale und nationale Dimension des Menschen, Individualismus und Sozialismus als versöhnbar erweisen. „Von Bebel bis Bassermann“, von den Sozialdemokraten bis zu den Nationalliberalen, so lautete denn auch Naumanns koalitionspolitische Parole, hinter der mehr stand als bloße Parteipolitik, nämlich die liberale Überzeugung von der Vereinbarkeit der Weltanschauungen auf der Basis eines demokratischen „Volksstaates“.

Der Staat nicht als bloß negative Begrenzung, sondern als positives Mittel zur Sicherung der Freiheit sowohl in ihrer individualistischen wie in ihrer bürgerlich-sozialen Dimension: Das war der entscheidende Wandel zu einer politischen Modernisierung des Liberalismus. Dies konnte freilich auch zu seiner neuen Bedrohung durch straffer organisierte etatistische Massenbewegungen der Rechten und Linken führen, wenn die Kompetenz- und Machtzunahme des Staates nun immer widerstandsloser hingenommen, ja auch mit liberal-bürgerrechtlichen Gründen sanktioniert wurde. Im Erziehungs- und Bildungswesen, in der Kultur- und Sozialpolitik, in den Beziehungen der Wirtschaftspartner bis hin zur Tarifpolitik, in der Verbindung des Eigentumsprinzips mit dem Prinzip des Allgemeinwohls.. Überall vollzog sich ein Übergang vom ökonomischen Freiheits- zum politischen Rechtsstaatsgedanken, in dem sich zunehmend auch sozialstaatliche Elemente abzeichneten.

Damit wurden freilich auch prinzipielle Unterschiede und Abgrenzungen gegenüber konservativen wie sozialdemokratischen Prinzipien abgeflacht und relativiert. In der Verbindung liberaler Grundsätze mit etatistischen und sozialen Tendenzen lag die Chance einer funktionsfähigen Demokratie. Aber die Aufnahme konservativer und gesellschaftspolitischer Staatsauffassungen nahm dem liberalistischen Credo zugleich etwas von seiner ursprünglichen Glaubenskraft, verwirrte die großen *issues* und Postulate, die seine Überzeugungskraft ausgemacht hatten. Der Liberalismus schien in der Zeit der politischen Ideologien im Vergleich zu konsequenter geschlossenen sozialistischen und etatistischen Ideologien der Linken und der Rechten mit ihren deutlich gekennzeichneten Feindbildern weniger weltanschauliche Stringenz zu enthalten. Die größere Toleranz gegenüber anderen Richtungen, Wesensmerkmal des Liberalismus, entsprach seinem Namen und Selbstverständnis, ließ ihn aber zugleich für die breite Bevölkerung als inkonsequent und kompromißhaft, prinzipienlos und opportunistisch erscheinen. Mit der Kriegswirtschaft und den Nachkriegskrisen verlor auch seine ökonomische Theorie an Geltungsfähigkeit.

Die große moralische Substanz des liberalen Gedankens, der Bürger- und Menschenrechtsprinzipien, der politischen Macht- und Gewaltenkontrolle, der nationalen und internationalen Kooperation war auch in den politikwissenschaftlichen Ideen des amerikanischen Präsidenten Woodrow Wilson zum Ausdruck gekommen. Sie ist schließlich wie dieser selbst der Enttäuschung über die Kriegs- und Nachkriegsentwicklung zum Opfer gefallen. Im Konkurrenzkampf der Ideologien vermochte der Liberalismus, der die moderne Demokratie heraufgeführt hatte, nicht mitzuhalten. Er wurde mit ihren Problemen und Krisen identifiziert, während die großen Links- und Rechtsideologien auf den Wellen der Demokratiekritik schwimmend, die politischen Glaubensbedürfnisse der Massen befriedigten.

Hinzu kam die Doppeldeutigkeit, die der Liberalismusbegriff selbst schon im Laufe des 19. Jahrhunderts und besonders dann seit den ideologischen Auseinandersetzungen der Jahrhundertwende annahm. Der engere Begriff meint vor allem die Zwischenstellung des Liberalen zwischen Konservatismus und Sozialismus, er bezieht sich soziologisch auf das Bürgertum, politisch auf einen nichtradikalen Reformismus. In diesem Sinne wurde der Liberalismus zumal von Marxisten weiterhin mit dem Kapitalismus gleichgesetzt und bekämpft. Auch den Faschismus ließen sie dergestalt bruchlos aus dem Liberalismus hervorgehen: die marxistische *Faschismustheorie* war eine bewußte Verfälschung der allgemein-politischen, humanen Substanz der Liberalismusidee, bedeutete ihre sozial-ökonomische Verengung auf einen egoistischen Interessen- und Kampfbegriff im Sinne des *Laisser-faire* sowie einer „kapitalistischen Verschwörung" zur (faschistischen) Vernichtung des Sozialismus.

Dagegen bezeichnete der weitere Begriff des demokratischen Liberalismus zumal in den USA, wo sich kein nennenswerter Sozialismus entwickelt hat, die Grundanschauung einer freiheitlichen pluralistischen Demokratie überhaupt: ein politisch wie ideell umfassenderes Verständnis, das konservative wie auch sozialdemokratische Tendenzen und Schichten einschließen konnte und den Gegenbegriff zur Autokratie und Diktatur, zu autoritären und absolutistisch-totalitären Bewegungen und Systemen bildete. In den Gegenstellung zu Kommunismus und Faschismus hat dieser demokratische Liberalismus seine „ideologische" Kraft erwiesen und ungleich dem kontinentaleuropäischen die Stellung im totalitären Zeitalter zwischen den Kriegen behauptet, nach 1945 den europäischen Wiederaufbau der Demokratie ermöglicht und auch ideell getragen.

Seinen Kern bildet neben der möglichst freien Wirtschaft und Gesellschaft die Erhaltung und Weiterentwicklung der demokratischen Institutionen, der freien Wahlen und Parlamente wie der Gewaltenteilung, aber auch der nationalen Selbstbestimmung und einer sozialen Moral, die auf politische Freiheit und Gleichheit für alle, nicht zuletzt für Minderheiten und Benachteiligte zielt.

Eine solche allgemeine demokratische Philosophie mochte sich als progressistisch im Sinne einer stärkeren Sozial- und Wirtschaftspolitik des Staates verstehen, wie in der neueren amerikanischen Entwicklung seit dem *New Deal* Franklin Roosevelts, wo *liberal* eher *links* bedeutet. Aber auch eine *neo-konservative*

Richtung wie in den 20er und wieder in den 70er Jahren, gehörte zu diesem allgemeineren Begriff des Liberalen, obgleich sie sich in zunehmenden Maße scharf von einem linken, stärker sozialstaatlichen oder radikaleren Liberalismusverständnis distanziert. Er war jedenfalls nicht klassenpolitisch verengt, vielmehr vor allem antidiktatorisch, antikollektivistisch, antitotalitär ausgerichtet. Zur Abwehr von Staatseingriffen und zur Bewahrung demokratischer Institutionen, verstand er sich in diesem Sinne als Höhepunkt und Inbegriff der westlichen politischen Tradition oder auch der säkularen Form der westlichen Zivilisation.

Diese Doppelbedeutung der modernen Liberalismusidee erinnert in vielem an die Mehrbedeutigkeit des modernen Fortschrittsgedankens, seine ökonomischen und sozialen, politischen und kulturellen Dimensionen und Ambivalenzen, mit denen der Liberalismus aufs engste verknüpft ist. Der Glaube an den Menschen und seine Möglichkeiten, die Überzeugung von der nicht nur materiellen, sondern auch politischen und moralischen Verbesserungsfähigkeit der menschlichen Ordnungen, der Freiheits- und Menschenrechtsgedanke waren beiden gemeinsam. Aber dieser Glaube erfuhr im Augenblick der höchsten Entwicklung immer wieder seit der Jahrhundertwende seine schärfsten Anfechtungen, zumal im Kommunismus, Faschismus und Nationalsozialismus, den großen Bewegungen des *Illiberalismus* (Fritz Stern). Statt des liberalen Freiheits- und Kompromißgedankens gewann der Massen- und Elitegedanke der Liberalismuskritiker in der Zwischenkriegszeit die ideologische Oberhand.

Erst nach der Erfahrungszeit der Diktaturen und des Zweiten Weltkriegs sollte die antitotalitäre Grundhaltung des Liberalismus wie auch des demokratischen Sozialismus und der christlich-demokratischen Ideen jenes Zusammenwirken individualistischer und gemeinschaftlicher Anschauungen dauerhafter ermöglichen, das im Interesse der (liberalen) Freiheit wie der (sozialen) Reform den Absolutheitsanspruch der Ideologien zu brechen den Bestand einer freiheitlichen und sozialen Demokratie besser zu sichern vermochte. Diese Verallgemeinerung des Liberalismus, seine

Integration in alle demokratischen Parteien, ließ ihn, den oft schon Totgesagten, zur Grundlage der erneuerten westlich-freiheitlichen Parlamentsdemokratie werden.

Im Unterschied zur Zwischenkriegszeit ist denn auch nach 1945 die Freiheitskomponente der Demokratie in verfassungspolitisch bestimmtere Formen gefaßt und dadurch auch theoriefähiger gemacht worden. Das geschah nicht nur durch die substantiellere Betonung der Grundrechte, sondern vor allem auch durch die Weiterentwicklung der Idee des Pluralismus. Demokratie als Übereinkunft, verschiedene Meinungen und Bestrebungen zu tolerieren und zugleich zu begrenzen: Das signalisiert deutlicher als bloß formale Verfassungen und Institutionen (die sich dem Schein nach ähneln mögen) den Unterschied zu allen Formen der Diktatur. Pluralismus heißt auch, daß der Gemeinwille nicht autoritär – oder totalitär – staatlich gesetzt, sondern von der Bereitschaft getragen und bestimmt wird, der Pluralität der Intentionen und Kräfte freiwillig eine Grenze zu ziehen: nämlich da, wo Existenz und Fähigkeit dieser Pluralität, ihre Freiheit und reziproke Toleranz selbst bedroht oder verneint wird. Und umgekehrt kann nur da, wo diese Grundübereinstimmung anerkannt wird, der demokratische Staat der Vielheit der Bestrebungen vollen Spielraum gewähren, ohne selbst bedroht zu sein. Das umstrittene Problem der Parteiverbote ergibt sich eben dann, wenn politischer Extremismus das pluralistische System selbst in Frage stellt.

In dem grundlegenden Gedanken vom Staat als Vielheit der Bürger steckt die alte Einsicht von Aristoteles, seine Ablehnung jeder monoformen Staatstheorie. Grundübereinstimmung, das heißt hier Anerkennung des pluralistischen Prinzips, aber nicht die gleiche Anschauung aller Bürger oder Verschmelzung aller politischen Richtungen in bezug auf das Gemeinwohl, wie es die Fiktionen und Zwänge der modernen Diktatur wollen. Es bedeutet vielmehr gerade, daß die Unterschiede frei ausgetragen und, sofern sich eine Mehrheit dafür findet, auch gegen andere durchgesetzt werden können. Wichtig bleibt der Respekt und die Achtung für den Andersdenkenden, die überstimmte Minderheit, wie es in dem berühmten englischen Wort *agree to disagree* so treffend zum Ausdruck kommt. Es geht um dieses Prinzip selbst: das Prinzip der Diskussion und des Kompromisses im politischen Prozeß. Denn so unmöglich es erscheint, die Anschauungen und Interessen von vorneherein auf eine Formel zu bringen, wie Diktaturen es beanspruchen, so existentiell gründet die freiheitliche Demokratie auf der historischen Erfahrung und ihrer durch politische Bildung statt Indoktrination zu vermittelnden Einsicht, daß nur im ungehinderten Austragen der Meinungs- und Interessenunterschiede die Berührungspunkte hervortreten können, die sie für einen gemeinwohlbildenden Kompromiß fähig und reif machen.

Eine Voraussetzung der freiheitlich-demokratischen Pluralismustheorie war freilich die fortschreitende Ausdehnung der Gleichberechtigung auf alle Schichten der Gesellschaft. Gleichheit und Emanzipation, zunächst im liberal-bürgerlichen, dann im sozialistischen Sinne, bildeten den Gegenpol zur freiheitlichen Komponente der Demokratie. Darin liegt die unlösliche Beziehung wie die unaufhebbare Spannung zwischen liberalen und egalitären Prinzipien begründet, die der Verschiedenheit der Menschen und ihrer Interessen entspricht. Die Demokratie sucht sie kompromißfähig zu machen, ohne sie gewaltsam aufzuheben. Alle Kritik an der modernen Demokratie und zumal die Angriffe auf ihre pluralistische Struktur, die den Theoriedebatten besonders seit den 60er Jahren entspringen, sind Rebellionen gegen die Unaufhebbarkeit jenes Spannungsverhältnisses zwischen Mehrheits-, Freiheits- und Gleichheitsprinzipien.

Das hatte weitreichende Folgen nicht nur für die Theorie der vollen politischen Gleichheit, sondern auch für die gesellschaftliche Struktur der modernen Demokratie und für ihre egalitären Tendenzen. Von der politischen auf die soziale Gleichheitsidee übertragen wurden sie bis zu den revolutionären Konsequenzen totalitärer Gleichschaltung fortgetrieben. Die Wendung zu einem egalitären Demokratieverständnis wird auch sichtbar in der fortschreitenden sozialen Elaborierung und Erweiterung der Grundrechte in den liberal-demokratischen Verfassungen. Das soziale und materielle Gleichheitspostulat dringt tief in das juristisch-politische ein.

Damit sind die Weichen gestellt für jene große Auseinandersetzung zwischen liberalen und egalitären Demokratiebegriffen, die unser Jahrhundert bewegt. Es wandeln sich die gesellschaftlichen Grundlagen der Demokratie, der Wohlfahrts-, Vorsorge- und Versorgungsstaat dringt vor. Und damit auch die Kritik an dem Zuviel oder Zuwenig der materiellen und sozialen Gleichheitsverwirklichung: Warnung vor Nivellierungstendenzen und düsterer Kulturpessimismus auf der einen, revolutionäre Umverteilungs-, Umwälzungsforderung auf der anderen Seite markieren den Streit um das egalitäre Demokratieverständnis. Es spitzt sich immer dann zu, wenn Krisenerscheinungen, Generationsbrüche und soziale Emanzipationskonflikte eine Modernisierung oder Anpassung der Freiheits-Gleichheits-Relation fordern; in der zweiten Hälfte des 19. Jahrhunderts, nach den Weltkriegen, seit den 60er Jahren und unter dem Emanzipationsdruck der Dritten Welt.

Aber diese immer neuen Spannungslagen und das unaufhaltsame Vordringen sozialstaatlicher Elemente in der Freiheits-Gleichheits-Demokratie sind Konsequenz und Preis für die Auffang- und Umsetzungsfunktion einer modernen Allbürger-Demokratie. Sie hat die Probleme nicht so sehr hervorgebracht, wie antidemokratische Kritiker zumal vor und nach dem Ersten Weltkrieg behauptet haben, oder bei ihrer Lösung versagt, wie im Gegenzug radikal-egalitäre, sozialistische Maximalisten ihrerseits bis heute rügen. Vielmehr sucht sie die Auswirkungen der industriell-technischen Revolution und der Bevölkerungsexplosion aufzufangen und zu kanalisieren, ob diese nun primär oder sekundär mit der demokratischen Entwicklung zusammenhängen. Und sie sucht vor allem auch den rapiden sozialen Wandel mit der Verstärkung und globalen Verallgemeinerung der Freiheits- und Gleichheitsforderung in eine friedliche politische Form zu bringen, die Krisen, Chaos und Diktatur entgegenwirkt.

Das ist die Bedeutung des Ideenstreits, der um die immer neue Ausbalancierung der Beziehung und Verbindung von Freiheits-

und Gleichheitsprinzipien geführt wird: ihr Spannungsverhältnis auszuhalten, es verfassungspolitisch umzusetzen und konflikttheoretisch zu bewältigen. Die Idee der *Sozialen Marktwirtschaft* und die Formel vom *sozialen Rechtsstaat*, die der westdeutschen Verfassungsordnung zugrunde gelegt wurde, enthält die Spannung und zugleich den Kompromiß, unter dem die moderne Demokratie steht. Der Streit um die Beziehung zwischen rechtlicher und sozialer Gleichheit, um die Konsequenzen für Pluralismus und individuelle Freiheit bleibt ein Dauerthema der theoretischen und politischen Auseinandersetzung über konfliktfähige Machtausübung und verschiedenartiges Demokratieverständnis. Aber dieser Streit vollzieht sich im Rahmen eines liberalen Kompromißsystems, dessen Leugnung oder Diffamierung durch Antisystemtheoretiker seit je die eigentliche Bedrohung der Demokratie darstellt.

Die tiefgreifenden Verschiebungen von der liberalen zur sozialen Demokratie bedeutend freilich weder die Widerlegung noch das Ende ihrer freiheitlichen Grundauffassung. Gewiß führt die zunehmend komplexere Sozial- und Wirtschaftsgesellschaft notgedrungen in ein Geflecht von Abhängigkeiten, staatlichen Interventionen und wirtschaftsdemokratischen Postulaten. Aber weder räte- oder ständestaatliche noch orthodox-liberale Alternativen entsprechen dem fortgeschrittenen Zustand der modernen Gesellschaft. Als ihr Gegenbild erscheint vielmehr ein pseudoegalitärer Autoritarismus oder Totalitarismus, dessen Gleichheitsversprechen sich als teils fiktiv, teils destruktiv erwiesen haben. Denn mit der politischen Preisgabe der Freiheits-, Mehrheits- und Kontrollprinzipien der Demokratie erlischt letztlich auch die substantielle Gleichheit der Bürger.

Es sind also reziproke Prinzipien, die sich bei aller Spannung wechselseitig tragen und bedingen. Sie bilden die drei Grundvoraussetzungen eines funktionsfähigen Staates, der mit einem Minimum an politischer Gewalt auskommt und einem Maximum an friedlicher Konfliktbewältigung Raum bietet.

Erstens: Demokratie ist Mehrheitsherrschaft, in der alle Stimmen gleich und frei sind.

Zweitens: Sie trägt dem pluralistischen wie dem egalitären

Bedürfnis der Bürger nach Bewegungsfreiheit und Chancengleichheit möglichst weitgehend Rechnung.

Drittens: Sie ist aber nicht radikaler Gleichheitszwang und Mehrheitsabsolutismus, weil sie sowohl dem Schutz des Individuums wie der Minderheit, die keine feste Größe ist und gegebenenfalls an die Regierung kommen kann, verpflichtet bleibt.

Ein ebenso spannungsreiches wie anspruchsvolles und kompliziertes Gebilde! Aber allein die liberale Demokratie vermag es, jenes moralische Bemühen politisch umzusetzen, das eine höchste Frucht menschlicher Kulturentwicklung ist: sich selbst zu entfalten und doch zu beschränken, der steten Versuchung des Machtmißbrauchs institutionell wirksam zu steuern, dem uralten Diktat des Stärkeren zu widerstehen und der barbarischen „Natur" politischer Kraftentfaltung eine politische Kultur der freiwilligen Kooperation oder des Kompromisses aus Interesse und Einsicht, aber mit verbindlicher Regelhaftigkeit und Verfassungskraft entgegenzusetzen.

Die Idee des Liberalismus bleibt als Kern und Salz dieses *limited government,* dieses freiheitlich-demokratisch beschränkten Staatsverständnisses auch im Parteienstaat unentbehrlich. Für die Zivilisierung der Regierung und die Domestizierung der Gewalt bedeutet der Liberalismus in der neueren Geschichte einen entscheidenden Impuls, auf den der moderne Staat nur um den Preis der Freiheit, nur mit der Aussicht auf Diktatur verzichten kann.

Hans-Ulrich Wehler

Deutscher Liberalismus am Anfang

Das Hambacher Fest vor 150 Jahren

Die Wette wäre mühelos zu gewinnen gewesen: Wer vor dem Mai 1982 behauptet hätte, daß die große Mehrheit des Bundesbürger keinerlei Erinnerung mehr mit dem Hambacher Fest verbände, das vor genau 150 Jahren die Gemüter im damaligen Deutschen Bund erregt hatte, dem würde ein Umfrageergebnis aller Wahrscheinlichkeit nach einen leichten Erfolg beschert haben. Zum lebendigen politischen Bewußtsein unserer liberaldemokratischen Republik gehört das Hambacher Fest nicht, obwohl es in der Frühgeschichte der deutschen liberalen und demokratischen Bewegung eine bedeutende, auch symbolisch weithin wirkende Rolle gespielt hat. Erst die Gedächtnisfeiern und -artikel im Frühjahr 1982 haben die Aufmerksamkeit an dieses Ereignis zurückgelenkt.

Wie kam es zu diesem Fest? Weshalb wurde es 1832 gefeiert? Warum in der bayerischen Pfalz und nicht anderswo? Worum ging es bei dem Fest selber? Worin lag und liegt seine Bedeutung?

Das Hambacher Fest war der äußerlich sichtbarste Höhepunkt und die weitaus bekannteste Aktion einer liberalen und demokratischen Protestbewegung, die seit einigen Jahren im Entstehen begriffen gewesen war, und zu Beginn der 1830er Jahre an die Oberfläche trat. Die Rheinpfalz hatte in der Ära der Kriege der Französischen Revolution und Napoleons unter der fremden Besatzung die Vorzüge des modernen französischen Rechts z.B.

des berühmten Code Civil, der u. a. dort eingeführt worden war, ebenso schätzen gelernt, wie eine liberale Verwaltung. Als die Pfalz nach dem großen Länderschacher zwischen 1803 und 1815 beim Königreich Bayern blieb, beharrte das Land auf einer gewissen Sonderstellung. Die Münchener Zentrale vergalt das der Rheinpfalz mit verschärfter Besteuerung: Die Grundsteuer war doppelt so hoch, die Personal- und Gewerbesteuer viermal so hoch wie in Altbayern. Daher wurden jährlich zweieinhalb Millionen Gulden nach München abgeführt. Das schuf eine gereizte Grundstimmung. Von 1829 bis 1831 kamen schwere Mißernten hinzu, die vor allem die auf den Export angewiesenen pfälzischen Weinbauern hart trafen, ja z.T. in ganzen Landstrichen eine notleidende Bevölkerung schufen. Verschärft wurde diese ohnehin prekäre Situation durch den wichtigen Vertrag im Juli 1829, der die norddeutsche Zollunion zwischen Preußen und Hessen mit der süddeutschen Zollunion zwischen Bayern und Württemberg zusammenschloß. Diese Vereinbarung bildete zwar eine entscheidende Etappe auf dem Weg zum allgemeinen Deutschen Zollverein von 1834, für die Pfälzer aber bedeutete der neue hohe Außenzoll, die verschärfte Konkurrenz im Inneren und die Störung alter Handelsbeziehungen eine zusätzliche Belastung. Die Rheinpfalz fühlte sich wirtschaftlilch isoliert. Für die breite Masse der Bevölkerung brachte dann die Mißernte von 1831 eine extreme Verteuerung der Grundnahrungsmittel, z.T. schon die offene Hungersnot. Man kann daher eindeutig von einer Krisensituation sprechen, die zu Beginn der 30er Jahre vorherrschte. Die französische Revolution von 1830 hatte diese Unruhe noch vermehrt, ohne daß es in der Rheinpfalz – wie in Sachsen und Hessen z.B. – zu offenen Konflikten kam. Aber die Mißstände in der Rheinpfalz wurden von mutigen Landespolitikern, wie den Advokaten Schüler, Savoye und Geib, im Bayerischen Landtag, wo seit den Wahlen vom Dezember 1830 die Liberalen in der Zweiten Kammer die Mehrheit besaßen, scharf angeprangert. Neben ihnen griffen liberaldemokratische Publizisten, wie der von der Regierung gemaßregelte ehemalige Beamte Philipp Jakob Siebenpfeiffer in seiner Zeitschrift „Bote aus dem Westen" und der Rechtsanwalt Johann Georg Wirth in seiner häufig verbotenen

Zeitschrift „Deutsche Tribüne“ die strittigen Probleme auf, forderten aber auch – schnell darüber hinausgehend – allgemeine politische Reformen wie den Übergang zur parlamentarischen Monarchie oder gar Republik. Als der oppositionelle Landtag nach bitteren Auseinandersetzungen von König Ludwig I. im Dezember 1831 aufgehoben und wenig später der altkonservative Fürst v. Wrede die Regierung übernahm, verlor die liberale Opposition ihren ursprünglichen Handlungsort in München. Angesichts der krisenhaft zugespitzten Situation wanderte das Gravitationszentrum der liberal-demokratischen Protestbewegung unmittelbar in die Rheinpfalz. Fortab spalteten sich die pfälzischen Abgeordneten in eine Gruppe, die den offenen Bruch mit der Regierung noch vermeiden wollte, und in eine von Schüler geführte Gruppe, die jetzt die „unbedingte Oppostion“ vertrat und in Zukunft auch zum außerparlamentarischen Protest bereit war. Außerdem strömten seit Ende 1831 zahlreiche liberale, ja radikaldemokratische Flüchtlinge vom Schlage Wirths und Siebenpfeiffers in die Pfalz – sie alle wollten den Schutz des rheinischen Rechts und einer liberalen Justiz genießen –, so daß die Protestbewegung schreib- und wortgewandte Anführer erhielt, welche die Kritik öffentlich artikulieren konnten. Intellektuelle, liberale Politiker und eine ständig sich ausweitende Protestbewegung, die nicht nur das politisch aufgeschlossene Bildungs- und Besitzbürgertum erreichte, sondcern bis tief hinein in die Schichten der kleinbürgerlichen Händler und Handwerker sowie der hart bedrängten Weinbauern hineinwirkte, erzielten in erstaunlich kurzer Zeit eine breitenwirksame politische Mobilisierung. Sie äußerte sich in drei der Zeit und der Rechtslage entsprechenden Protestformen:

Erstens in der Form politischer Festessen mit Aberhunderten von Teilnehmern, da das Vereinsrecht die öffentliche Zusammenkunft von mehr als 20 Personen verbot. Bei diesen Festessen wurden nicht nur die politischen Prominenten wie Schüler, Savoye, Geib, Wirth, Siebenpfeiffer u. a. gefeiert und unverhüllt politische Ansprachen gehalten, sondern fraglos wurde auch ein erheblicher Solidarisierungseffekt erzielt.

Zweitens wurden zahlreiche Petitionen in Umlauf gebracht,

z. T. von vielen hundert Bürgern unterzeichnet und dann in den oppositionellen Zeitungen oder in Form von Flugblättern gedruckt. Daß man mit seiner öffentlichen Namensnennung für liberale und demokratische Forderungen eintrat, zeigte nicht nur die Zivilcourage der Unterschreibenden, sondern auch den hohen Grad der Politisierung, der damit erreicht worden war.

Drittens wurden schließlich politische Vereine gebildet. Am wichtigsten war der „Deutsche Vaterlandsverein zur Unterstützung der freien Presse", der sich schnell über die Pfalz hinaus nach Süd- und Mitteldeutschland verbreitete. Er forderte die allgemeine Pressefreiheit, um offen für die demokratisch-republikanische Verfassung eines gesamtdeutschen Staates wirken zu können. Als erstes überstaatliche Opposition seit dem Verbot der studentischen Burschenschaften (1819) wurde er mit Wirths und Siebenpfeiffers Zeitschriften im März 1832 vom Deutschen Bundestag zu Frankfurt ohne weitere Umschweife verboten. Die Protestbewegung ließ sich dadurch jedoch weder entmutigen noch aufhalten und überschüttete das Land mit Petitionslisten und Flugschriften. Als Wirth noch im März wegen „umstürzlerischer" Tätigkeit angeklagt wurde, sprach ihn das liberale Appellationsgericht in Zweibrücken frei, und sogleich teilten 60000 Exemplare eines Flugblatts das Ergebnis der Öffentlichkeit mit.

Auf den Festessen im März und April 1832 ging es entsprechend lebhafter zu. Dort tauchte auch der Ruf nach einem großen „Eintrachtfest" auf, wo sich die liberalen und demokratischen Kräfte öffentlich zu ihren Zielen bekennen sollten. Als Gegenveranstaltung zur Feier des bayerischen Verfassungstags am 26. Mai bewußt konzipiert, wurde, maßgeblich von Siebenpfeiffer vorangetrieben, auf den 27. Mai zu einem großen „Nationalfest der Deutschen" in der Ruine des Hambacher Schlosses bei Neustadt am Haardtrand eingeladen. Erschreckt verbot die bayerische Regierung am 8. Mai nicht nur das geplante Oppositionsfest, sondern auch allen Fremden den Aufenthalt in und um Hambach. Eine Welle des Protests erhob sich, und erstaunlicherweise gab die Regierung nach. Mit 20000 bis 30000 Teilnehmern, von denen die zeitgenössischen Schätzungen sprechen, wurde am 28. Mai das Hambacher Fest feierlich begangen: „die erste politische Volksversammlung der neueren deutschen Geschichte", wie Theodor Heuss geurteilt hat. Vor Tausenden von Pfälzern: Bürgern, Handwerkern und Bauern, vor Abgesandten aus anderen süddeutschen Staaten, Hunderten von Studenten vor allem aus Heidelberg, Delegationen aus Frankfurt, Mainz, Mannheim und dem preußischen Rheinland, auch aus dem französischen Elsaß wurden rund 20 Reden gehalten, in denen ein freiheitlicher deutscher Einheitsstaat, Demokratie und Republik unter scharfer Ablehnung der Fürsten- und Aristokratenherrschaft gefordert wurden. Wirth verlangte sogar die Anklage der Könige wegen Hochverrats an der Menschheit und erklärte, daß das Glück der Deutschen von der Beseitigung der Monarchen abhänge. Siebenpfeiffer stritt für einen gesamtdeutschen Staat ohne Schlagbäume und „Konstitutiönchen", die man in den süddeutschen Staaten dem Volk zum Spielen gegeben habe. Die Reform der deutschen politischen Verhältnisse bilde die Voraussetzung für eine liberale Reorganisation Europas, hieß es, und nichts konnte in den Ohren Metternichs und aller anderen Restaurationspolitiker bedrohlicher klingen als dieser Anspruch, der die künstliche Ruhe des europäischen Staatensystems radikal in Frage stellte. Unüberhörbar waren auch die sozialrevolutionären Töne, die in manchen Reden anklangen. Der Ruf nach liberalen Freiheitsrechten, demokratischen Gleichheitsrechten, nach einer gesamtdeutschen Republik und sozialen Reformen wurde mit Begeisterung aufgenommen.

In der deutschen Öffentlichkeit rief das Hambacher Fest ein anhaltendes Echo hervor. Mehrere Versammlungen ahmten es nach, zustimmende Artikel und Flugschriften häuften sich. Währenddessen verhängte Fürst Wrede den Belagerungszustand über die Pfalz, die Initiatoren wurden verhaftet, der politische Protest unterdrückt. Ein preußischer Hochkonservativer im Zivilkabinett des Königs urteilte über das Hambacher Fest, es sei „seinem Prinzip nach für Deutschland das, was die Julirevolution für Frankreich war. Es würde auch dieselben augenblicklichen Folgen für Deutschland gehabt haben, welche jene für Frankreich hatte, wenn Deutschland ein einziges Reich wäre, das eine gemeinschaftliche Hauptstadt wie … Paris hat." Zugleich erkannte er

Schwächen der Protestbewegung, in der sich alle „im Umsturz des Bestehenden", jedoch nicht „über die Mittel zur Erreichung des Zwecks" von „Deutschland künftiger Konstituierung" einig seien.

Aufgeschreckt verabschiedete der Bundestag in Frankfurt nach geheimer Absprache zwischen Österreich und Preußen die „Maßregeln zur Aufrechterhaltung der gesetzlichen Ruhe und Ordnung" vom 28. Juni und 5. Juli 1832. Den Landtagen wurde das Budgetrecht, den Bürgern das Petitionsrecht, die Rede- und Berichtsfreiheit beschnitten. Die Zensur wurde verschärft, die Vereins- und Versammlungsfreiheit erneut verboten. Eine eigene Überwachungskommission des Bundes sollte die Repressionsmaßnahmen kontrollieren. Nach den Karlsbader Beschlüssen von 1819 waren das die härtesten antiliberalen, antidemokratischen und antirepublikanischen Maßnahmen der Restaurationszeit. Der öffentliche Prozeß indes, der vor dem Landauer Schwurgericht gegen die Anführer der Hambacher Bewegung im Frühsommer 1833 geführt wurde, endete – ein weithin sichtbares Symbol des freien rheinischen Rechts und des unabhängigen Urteils der Geschworenen – mit einem Freispruch, den die liberale Opposition noch einmal stürmisch feierte; die großen Verteidigungsreden Wirths und Siebenpfeiffers wurden als Flugschriften zu Tausenden verbreitet. Aber im anschließenden Verfahren vor einem sog. Zuchtpolizeigericht wurden die Angeklagten dennoch verurteilt.

Neue örtliche Unruhen, die Imitation der einst erfolgreichen Festessen wurden genau so unterdrückt wie ein Nachspiel des Hambacher Radikalismus, der Frankfurter Wachensturm vom April 1833. Äußerlich hatten die alten Gewalten gesiegt, aber unterhalb der ruhigen Oberfläche stauten sich die Probleme, bis sie sich im März 1848 in der Revolution entluden.

Die Bundesrepublik, die gute Gründe hat, sich auf die liberalen und demokratischen Traditionen seit dem 19. Jahrhundert zu besinnen, sollte das Hambacher Fest in diesen Traditionszusammenhang mit einbeziehen. Während Liberalismus und Demokratie fortab in der deutschen Geschichte oft auseinandertraten, so daß die liberalen Freiheitsrechte im Widerstreit mit den demokratischen Gleichheitsrechten lagen, verband die Protestbewegung, aus der das Hambacher Fest hervorging, liberale mit demokratischen Forderungen. Bürgerliche Intellektuelle, besitzbürgerliche Honoratioren, Handwerker, Bauern und auch Arbeiter konnten sich auf einen Katalog liberaler und demokratischer Forderungen einigen. Das Postulat sozialer Reformen und der Gründung einer deutschen Einheitsrepublik wies weit über die Möglichkeiten der Zeit hinaus. An diesen liberal-demokratischen Traditionsstrang kann man in der Bundesrepublik, vermittelt durch die historische Erinnerung, auch und gerade heute wieder anknüpfen. Von einer Überfülle solcher Gelegenheiten, sich der liberal-demokratischen, republikanischen deutschen Traditionen zu erinnern, wird ja wohl kaum jemand sprechen wollen. Eine Forderung der Hambacher Protestbewegung kann jedoch heutzutage nicht mehr unmittelbar aufgegriffen werden: der Ruf nach dem deutschen Einheitsstaat. Nach zwei totalen Weltkriegen und der maßgeblichen Rolle, die der deutsche Machtstaat dabei gespielt hat, darf an dem Ergebnis des Zweiten Weltkriegs nicht mit leichtfertigen Parolen gerüttelt werden, die z.B. in Mitteleuropa ein neutralisiertes Gesamtdeutschland mit 80 Millionen Deutschen – zweitgrößte Wirtschaftsmacht der Welt, aber politisch unkalkulierbar – erneut fordern. Der Primat der Friedenssicherung gebietet es heute, auf die Einheitsforderung der Hamburger Bewegung zu verzichten. Dafür sollten die Verwirklichung und der Ausbau liberaler Freiheiten und demokratischer Rechte um so entschiedener in ihrem Sinn vorangetrieben werden. Auch nach 150 Jahren zeigt die historische Rückbesinnung, daß das Hambacher Fest alles andere als tote Vergangenheit ist.

Günter Maschke

Zwischen allen Stühlen

Ideengeschichtlicher Exkurs

Nicht Fisch und nicht Fleisch, nicht heiß und nicht kalt, nicht links und nicht rechts, nicht Souveränität des Staates und nicht Souveränität des Demos, – so war und ist der Liberalismus und so wird er sein. Der Volksmund hat recht, spricht er doch nur das Resultat einer in Deutschland mehr als 100jährigen Erfahrung aus. Der Liberalismus ist das Zwischenwesen einer Zwischenwelt und wie diese ist er bald grau in grau, bald phosphoreszierend. Das Wetter in der Umgebung ist wichtig und auch, wo man sich unterstellen kann. Der Liberalismus ist das Sowohl-als-auch und noch mehr ist er das Weder-Noch. Manchmal setzt er sich heroisch entsagend zwischen alle Stühle, lieber sitzt er auf dem Ledersofa dazwischen, schließlich klammert er sich um jeden Preis an den von ihm angemaßten und ihm bewilligten Machanteil. Klein, beharrlich, zeckenhaft zäh, überdauert dieses Zwittertier – das zu bestimmen Generationen von Zoologen verzweifelten – indem es sich bald verändert, bald nach allen Seiten verlockend schillert, bald sich einem der großen Wirtstiere zugesellt, um dieses zu unterstützen und an dessen Kraft zu saugen.

Wer spricht von Siegen – überstehn ist alles! Wenn es sein muß, begeht der Liberalismus *Verrat* und der aktuelle Fall Genscher/Graf Lambsdorff ist nur einer von unzähligen. Doch was bedeutet *Verrat* bei einem Wesen, das das Licht ebenso scheut wie die Finsternis und das bei dem Wort *Entscheidung* immer nur das Wort *Vertagung* hört? Das als Epochentendenz stirbt und als Partei weiterlebt, als Partei verschwindet und als diffuse Haltung einer Volksmehrheit wieder auftaucht? Was bedeutet *Verrat* bei einem Wesen, das das Gleichgewicht über alles liebt, auch dann, wenn es nur im Kampf polarisierter Kräfte zu finden ist? Bei einem Wesen, das, wenn ein Gleichgewicht zerstört ist, sofort nach einem neuen sucht und dabei ständig vom Gefühl der eigenen Unentbehrlichkeit gepeinigt ist? Bei einem Wesen, das nach Überleben wie nach Unabhängigkeit zwischen den großen politischen Blöcken giert und deshalb – da es ohne Überleben keine Chance auf Unabhängigkeit gibt – ständig seine Unabhängigkeit verkauft und sich einem der Großen anschmiegt? Was also bedeutet *Verrat* bei einem Wesen, das eben gerade nicht im Wortsinne *liberal* ist, sondern *servil* – und *servil* ist, damit es *liberal* weitergehe? Was bedeutet *Verrat* bei einem Wesen, das mit allen Prinzipien und allen Gegenprinzipien in Frieden leben möchte – um, hat es Glück, zum Schluß alle zu betrügen und ihr Schiedsrichter zu sein?

Manchmal legt sich der Liberalismus zum Sterben nieder. Bisher war dies nur ein Trick, um eine Auferstehung zu erlangen. Zur dabei angestrebten Auferstehung des Fleisches kam es freilich nicht immer. Doch so oder so, jedesmal freute sich die verstohlen grinsende Trauergemeinde zu früh: Sie hatte bereits die Ausdünstungen des Moribunden inhaliert. Als feines Nervengas senkte sich der liberale Gedanke auf die Hirne und Lungen der Kämpfer der Partei der Ordnung und der Kämpfer der Partei der Freiheit. Deren Chefs haben sowieso kaum einen größeren Ehrgeiz, als die Erben und die Definierer des Liberalismus zu sein. Und so rufen Helmut Kohl und Helmut Schmidt, ungezählten Politikern in der Vergangenheit nacheifernd: „Der Liberalismus ist hier! Bei mir! Wer ein echter Liberaler ist, der komme zu mir!“

Droht der Exitus, rettet sich der Liberalismus durch Zellteilung. Je weniger von ihm zu sehen ist, desto mehr scheint er überall zu sein: Gerade seine dann wuchernden, sich eifrig befehdenden Sekten beweisen es. Als funktionierende, wenn auch diffuse Partei in der ihm nie ganz geheuren Massendemokratie, lebt der Liberalismus von der Ausbalancierung bereits balancierter Zustände. Es sind Lagen, in denen es zu verbalen Erregtheiten und zu ideologischen Grobheiten kommen mag, in denen jedoch die Feindschaft begrenzt bleibt. Als Partei gedeiht der Liberalismus in der Liberalität, die so liberal ist, daß niemand nach der Daseinsberechtigung des Liberalismus fragt. Doch ist die liberale Partei einmal dezimiert oder verschwindet sie gar ganz von der politischen Bühne, dann kommt die Stunde, in der alle entdecken, sie seien *im Grunde* Liberale.

In einem solchen Reich der Mitte (das sich in ganz Westeuropa ausbreitet, denn beinahe in allen Ländern erleiden die liberalen Parteien schwere Verluste) wird freilich zu heftig gekämpft, als daß es dauern könnte. Doch liegt der organisierte, der offene Liberalismus darnieder, so entfaltet der verdeckte, der verschwommen-gesinnungsmäßige sein zerstörerisches Potential umso entschlossener. Es handelt sich um eine Art Naturprozeß. Die wirkliche Quintessenz des Liberalismus zeigt jetzt ihre verderbliche Offensivkraft und wird zur Quintessenz der Politik überhaupt. Diese Quintessenz ist die Verhinderung jeder klaren politischen Form, ist der Versuch einer allseitigen Beschränkung der Macht bei sich ständig verschärfendem Machtkampf, ist der Pluralismus sich absolut setzender Gruppen, ist endlich die praktische Leugnung jedes nationalen Gesamtinteresses.

Aus der Balance wird die fortschreitende Lähmung, aus der Kontrolle wird die Blockade aller durch alle, aus der Diskussion im Rahmen eines verpflichtenden Konsens wird der ungezügelte Diskurs der füreinander Ertaubten und aus diesem endlich der Bürgerkrieg.

Derart kann man die Entwicklung von Weimar sehen. Die Frage ist, ob Weimar am *antidemokratischen Denken* scheiterte, an der Unfähigkeit seiner Bürger, den Auftrag der parlamentarischen Demokratie, die im Liberalismus ihre Wurzeln hat, zu erfüllen. Dies ist die These fast aller sich als Demokraten verstehenden Deuter. Es ist auch die These der den Überbau der Bundesrepublik immer noch dominierenden Vertreter der *Reeducation*-Generation, deren verschiedene Fraktionen von Männern aus den 20er Jahrgängen angeführt werden: Karl Dietrich Bracher, Ralf Dahrendorf, Jürgen Habermas. Aber man muß die Frage stellen, ob die parlamentarische Demokratie, angesichts der deutschen Zustände nach 1918, nicht die Krankheit zum Tode war. Gaetano Mosca, Vilfredo Pareto, Georges Sorel und Carl Schmitt haben dies grundsätzlich, für das Europa nach 1918, behauptet. Dies können wir hier außer Acht lassen. Uns Deutschen bleibt die Frage, was uns denn bisher Liberalismus und Parlamentarismus einbrachten und weshalb die Siegermächte uns, einem Volk, das weder eine wirkliche liberale noch parlamentarische Tradition besaß, zweimal diese Ordnung als Medizin verschrieben? Für die Antwort muß man auf die Geschichte des deutschen Liberalismus zurückgehen.

Preußische Reform: der einzig gelungene Liberalismus

Ein einziges Mal hat der Liberalismus in Deutschland eine gute Figur gemacht, ein einziges Mal war er nicht nur an der Staatsgewalt beteiligt, sondern prägte sogar deren Form und deren Stil, ein einziges Mal verfügte er über einen Begriff von Politik und war deshalb fähig, über Freund und Feind zu entscheiden. Dieser einzige imponierende Liberalismus in Deutschland war der der Stein-Hardenberg'schen Reformen. Die Bauernbefreiung (1807), die Städteordnung (1809), das Agraredikt (1811), die Heeres- und Universitätsreform (ab 1809), die Gewerbefreiheit (1811), die Judenemanzipation (1812), – war dies auch alles noch vom ständischen Denken beeinflußt, so gehören doch die mit den Reformen einhergehenden Rechte für den Einzelnen zur Geschichte des Liberalismus; für so kluge, hier aber irrende Konservative wie Ludwig von der Marwitz waren sie bereits das Werk des Teufels selbst, der Beginn der Entwurzelung und Entfremdung ...

Dieser Liberalismus bahnte sich seinen Weg nicht durch Druck von unten, sondern durch Beschluß von oben, die neuen Freiheiten waren keine außer- und vorstaatlichen Menschenrechte, sondern Gewährungen an Bürger eines Staates und besaßen von vornherein keine demagogische Sprengkraft. Ziel dieses paternalistischen Liberalismus war die politische Einheit des Volkes und nicht seine pluralistische Zerspaltung, war die Mobilisierung aller sozialen, ökonomischen und militärischen Kräfte, um Napoleon schlagen zu können.

Zwar ging es dem Stein-Hardenberg'schen Liberalismus noch

nicht um die Vereinigung der Nation, – aber die Idee der deutschen Einheit wurde hier schon ahnbar und faßbar. Der von hier aus mögliche Blick auf 1848 und 1870 wurde durch die Restauration versperrt, doch die Bedinungen des Überlebens einer liberalen Ordnung lassen sich am Liberalismus der Reformzeit besonders gut aufzeigen. Die Reformer waren sich des Problems bewußt, – sie, die gouvernementalen Liberalen erkannten, welch enge Grenzen dem liberalen Prinzip zu ziehen sind.

Wer schützt den Liberalismus? Und wer beschützt vor ihm?

Die Frage ist, wer die Gesamtgesellschaft vor den katastrophalen Folgen eines Systems schützt, das die Arbeitskraft und den Boden in den Marktmechanismus einbezieht und so die Gesellschaftssubstanz den Marktgesetzen ausliefert. Ein Staat, der sich nach außen hin behaupten will, muß solche Entwicklungen, wegen der sonst entstehenden Unruhe, kontrollieren. Der expandierende, generell anti-staatliche Marktmechanismus muß Spielregeln unterworfen werden, soll er zur Kraft eines solchen Staates beitragen.

Das zweite, meist übersehene Problem aber ist: Wer schützt den Liberalismus vor der politischen Außenwelt? Wer schützt die politisch fast immer unfähige und hilflose Bourgeoisie?

Akzeptieren wir ruhig, daß der Liberalismus die Ideologie des aufsteigenden Bürgertums ist, das sich ökonomisch-politisch frei bewegen will, aber zwischen Adel und nachdrängenden Unterschichten eingeklemmt wird:

> *„Der Haß gegen Königtum und Bourgeoisie treibt den liberalen Bourgeois nach links; die Angst um seinen durch radikale Demokratie und Sozialismus bedrohten Besitz treibt ihn wieder nach rechts zu einem mächtigen Königtum; so schwankt er zwischen seinen beiden Feinden und möchte beide betrügen." (Carl Schmitt)*

Neben dieser für den Liberalismus typischen Kampflage, die durch die anderen bestimmt wird und durch die seine reaktiven

Momente so zahlreich, seine aktiven so selten sind, ist der Liberalismus auch als System der permanenten Diskussion gedacht worden und wenn es in seiner Frühzeit, etwa durch das Zensuswahlrecht, eine Homogenität der Interessen der Diskutierenden gab, so war es doch ein System ständigen Zweifels, Befragens, disponibel Haltens und zur Disposition Stellens.

Obendrein war der Liberalismus ein System der Konkurrenz und der industriellen Dynamik. Marx variiert konservative Argumente wie die von Franz von Baaders und Victor Aimé Hubers, wenn er der Bourgeoisie vorwirft, sie hätte

> *„alle feudalen, patriarchalischen, idyllischen Verhältnisse zerstört. Sie hat die buntscheckigen Feudalbande, die den Menschen an seinen natürlichen Vorgesetzten knüpfen, unbarmherzig zerrissen und kein anderes Band zwischen Mensch und Mensch übrig gelassen, als das nackte Interesse und die gefühllose „bare Zahlung“. Sie hat die heiligen Schauer der frommen Schwärmerei, der ritterlichen Begeisterung, der spießbürgerlichen Wehmut in dem eiskalten Wasser egoistischer Berechnung ertränkt. Sie hat die persönliche Würde in den Tauschwert aufgelöst und an die Stelle der zahllosen verbrieften und wohlerworbenen Freiheiten die eine gewissenlose Handelsfreiheit gesetzt.“*

Das liberale ökonomische System besitzt zu große Dynamik und das Marktprinzip würde, ohne Kontrolle, die Gesellschaft auflösen. Der liberale Bourgeois aber ist nicht der Mann, der die Nation einigt und führt, – dazu sind seine Interessen zu banal und partikular und es ist, worauf Schumpeter einmal hinwies, kein Zufall, daß alle Kaufmannsrepubliken in der großen Politik scheiterten. Wiederum wegen dieses partikularen Interesses ist der liberale Bourgeois, wie sehr er auch ethische Ziele und humanitaristische Illusionen hegen mag, nicht der Mann für das Parlament der klassischen liberalen Theorie, wie es etwa Guizot vorschwebte und wie es Carl Schmitt und Jürgen Habermas, auf je verschiedene Weise, ausmalten, – des klassischen liberalen Parlamentes, in dem angeblich freie Individuen sich mittels Argumenten zu überzeugen suchten. Weder die objektivierende Diskussion noch der Mut zum politischen *Va banque* (in dem der höchste Realismus stecken kann) noch der militärische Heroismus sind Sache dieses Typus, – und wohl auch kaum die Generosität und der Respekt vor der Tradition. Die Spannung im Inneren einer liberalen Marktgesellschaft, die Konfrontation mit Expansion oder Stillstand, Verlust oder Gewinn, dieser ständige Krieg schafft vor allem einen entschlossenen Willen zur Entpolitisierung und Privatisierung. Ein solches Individuum will abends seine Ruhe, und der Kampf um das Gemeinwohl (das er als eine *ideé fixe* ansieht) wie das Bereit-sein gegen den Feind sind nur lästig. Der Wert der Gemeinwohl-Illusion wird hier nicht erkannt und Feindschaft erscheint in einer Welt der Konkurrenten und Partner (neuerdings sogar „Sicherheitspartner") als Atavismus des Staatlichen, – das Staatliche aber als Zumutung. Sicher: *Bürger* war sowohl *„Citoyen"* als auch *„Bourgeois"* – aber der erstere blieb doch immer nur ein Fabelwesen in der Vorstellung politischer Pädagogen und Demagogen; bestenfalls war er eben – Professor.

Für ein solches Individuum sind Kriege abzulehnen, weil sie sich nicht lohnen und sich in einem aufgeklärten Jahrhundert nicht ziemen; der Nationalstaat gilt angesichts des Weltmarktes für eine Absurdität und die Souveränität erscheint als etwas, an dem vorgestrige Autokraten sich berauschen. Das heißt aber: Ein solches Individuum versteht weder die Politik noch ihren Mythos, versteht also gar nichts. Ein solches Individuum glaubt auch, die Gesellschaft bestünde aus Individuen (am besten nur aus solchen wie es selber) anstatt aus den Verhältnissen, in denen die Individuen zueinander stehen. Deshalb bereitet ihm das Begreifen sozialer Erfordernisse und politischer Techniken zur Gewinnung der nationalen Kohäsion große Mühe. Weil ein solches Individuum vom Individuum ausgeht, besitzt es kein Organ für die politische Sphäre: Seine Politik ist immer nur Kritik an der Politik und sein Staat ist nur dazu da, dieses Individuum zu schützen, – dies aber möglichst wenig störend und möglichst billig.

Die schützenden Schichten

Diese sowohl asoziale wie aus dem Staat und damit aus der Politik herausführende Tendenz des liberalen Gedankens wurde von den preußischen Reformern erkannt. Sie waren im Sinne Schumpeters (vgl. dessen *Kapitalismus, Sozialismus und Demokratie)* eine schützende Schicht, die der Kapitalismus braucht, um sich im liberalen Sinne entfalten zu können. Die politische Klasse des frühen liberalen Systems kam aus der Feudalwelt, – sie besetzte die Staatsstellen, führte die Armee, formulierte die Politik. Die Borgeoisie brauchte, so Schumpeter, einen politischen Herrn, – den andere Betrachter für ihren Diener gehalten haben.

Die preußischen Reformer waren nicht nur eine Schutzschicht in dem Sinne, daß sie die unheroische und nur rationale Bourgeoisie vor den Unbilden des Politischen schützte. Sie bewahrten die Gesellschaft auch vor der Erfüllung der liberalen Utopie (einer vollkommenen Umformung der Arbeitskraft und des Bodens in Ware) durch ihre Sozialpolitik, und sie verhinderten die Reduzierung aller menschlichen Beziehungen auf den *cash-nexus* durch heroische, nationale und sentimentale Mythen und Ideale.

1848: ‚Wie eine Hure in einer Schenke ...'

Der nächste große Auftritt des Liberalismus war 1848. Diesmal wurde er nicht von aufgeklärten Adligen inszeniert, sondern Professoren erklommen die Tribüne der Paulskirche. Niemals blamierte sich das liberale Prinzip mehr. Die ganze Unentschlossenheit und Schwäche dieser Versammlung, die „die deutsche Freiheit sterben ließ wie eine Hure in einer Schenke" (so der Ultrakonservative Donoso Cortés) und über die man, bevor sie dann doch auseinandergetrieben wurde, spottete, sie habe sich nur noch nicht aufgelöst, weil man nicht wisse, wer für die Auflösung zuständig sei, braucht hier nicht dargestellt zu werden.

Die Paulskirche zeigte nicht nur die später wieder vergessene

Kluft von Liberalen und Demokraten auf, sie zeigte auch die Schwäche eines bloß diskutierenden Liberalismus auf und bewies, wie wenig dieser *Liberalismus-an-sich* zu einer Machtergreifung und zu einer Entscheidung über Freund und Feind fähig ist. Dieser Liberalismus war völlig auf sich allein gestellt, stand ohne schützende Schicht da, und keine vor- oder außerliberale Macht ermöglichte ihm die Herrschaft. Eine gewisse Einigkeit erzeugte diese Versammlung nur über die Grund- und Menschenrechte und vielleicht eröffnete sie ihre Beratungen nur deshalb mit der Grundrechtsdebatte, um die Frage nach der Macht vor sich her zu schieben. Die Paulskirche bewies, daß sich ein Staat nicht von den ihn begrenzenden Menschenrechten des Einzelnen her aufbauen läßt, sondern nur von einer Idee der Macht.

Nun beziehen sich die meisten Liberalismen auf die Posse in der Paulskirche oder auf die nicht ganz so possenhafte Bourgeoisie des Julikönigtums in Frankreich. Carl Schmitt (in seiner *Politischen Theologie*) paraphrasiert Donoso Cortés, wenn er schreibt:

> *„Ihr liberaler Konstitutionalismus versucht, den König durch das Parlament zu paralysieren, ihn aber doch auf dem Thron zu lassen, also dieselbe Inkonsequenz, die der Deismus begeht, wenn er Gott aus der Welt ausschließt, aber doch an seiner Existenz festhält... Die liberale Bourgeoisie will also einen Gott, aber er soll nicht aktiv werden können; sie verlangt Freiheit und Gleichheit und trotzdem Beschränkung des Wahlrechts auf die besitzenden Klassen, um Bildung und Besitz den nötigen Einfluß auf die Gesetzgebung zu sichern, als ob Bildung und Besitz ein Recht gäben, arme und ungebildete Menschen zu unterdrücken; sie schafft die Aristokratie des Blutes und der Familie ab und läßt doch die unverschämte Herrschaft der Geldaristokratie zu, die dümmste und ordinärste Form einer Aristokratie; sie will weder die Souveränität des Königs noch die des Volkes. Was will sie also eigentlich?“*

Wilhelm Heinrich Riehl, für den das liberale Bürgertum von 1848 ein „steter Gegensatz von Vorwärtsdringen und Zurückhalten“ war, beschrieb diesen Liberalismus mustergültig:

„Der bürgerliche Liberalismus wollte Fürsten – aber nicht von Gottes Gnaden. Konstitutionelle Monarchie, aber doch zugleich eine demokratische, ‚auf demokratischster Grundlage'. Einen König, der herrscht, aber nicht regiert. Der freisinnige Bürger war froh, daß es noch nebenbei Fürsten gab, er erschrak aber, als der König von Preußen ... sagte, es gebe noch Fürsten. Er wollte eine Kammer, die den Minister in die Tasche stecken könne, aber darum doch nicht selber regiere. Politische Vertretung der Gesellschaft im allgemeinen – aber nicht im besonderen ... Deutsche Grundrechte – aber mit Ausnahmen. Religionsfreiheit, aber keine Jesuiten, Klöster und Freigemeindler. Volksbewegung, Volksforderungen, Sieg des Volkes – aber keine Revolution. Bürgerwehr, aber keine allgemeine Volksbewaffnung. Bürgerliche Ministerien. Als dieselben geschaffen waren, wurden sie übrigens von dem bürgerlichen Liberalismus im Stich gelassen ... Man wollte, wie der beliebte Kunstausdruck lautete, gleich weit entfernt bleiben ‚von der Anarchie wie von der Reaktion'. Dadurch verfiel man zuerst der Anarchie und nachher der Reaktion."

Wenn also der Liberalismus bereits in seiner heroischen Zeit, als er noch eine soziale Klasse zum Fundament hatte und einen Feind besaß, hilfloses Staunen hervorrief, was kann man dann zum Ende der bürgerlichen Epoche über ihn sagen (und dieses Ende kann man mit 1914 datieren), und nach dem Untergang seines Haupt-Feindes, der Aristokratie?

Die Einheit vor der Freiheit

Die entscheidende politische Aufgabe – die Einheit der Nation – mußte in kräftigere Hände kommen. Entscheidend war und ist sie weil ich, bevor ich Liberaler, Konservativer, Fortschrittler oder Sozialist bin, Deutscher bin und ein Interesse an der Kraft und Größe meiner Nation haben *muß* – ein Zusammenhang, der sogar den Internationalisten Marx und Engels noch völlig plausibel war. Ich kann nicht interessiert sein, daß mein Land politisches Objekt anderer Mächte ist.

Doch der Liberale schwankt schon hier, und es ist bezeichnend, daß ein führender Liberaler wie Carl von Rotteck 1832 sagen konnte, er wolle zwar die nationale Einheit aber *nur* mit der Freiheit und „lieber Freiheit ohne Einheit als Einheit ohne Freiheit“, – wobei er vergaß, daß solche Einheit immerhin auch die Freiheit von anderen Nationen ist, während Freiheit ohne Einheit sich mit der politischen Abhängigkeit von anderen Mächten verträgt. *Individuum* und *Menschheit* sind hier die Pole eines solchen entpolitisierten Denkens, das heute in der Bundesrepublik häufig anzutreffen ist.

Zwar waren es die Liberalen, die – gegen den deutschen Fleckenteppich ungezählter Fürstentümer – die Idee der Einheit proklamierten. Aber sie taten dies doch mit einer Unmenge von Vorbehalten. Der individuelle Rationalismus (der die Beliebigkeit eigenen Argumentierens verkennt) kann nicht den nationalen Mythos erschaffen, der allein im entscheidenden Kampf entstehen kann und der notwendig ist für die Herausbildung der nationalen Einheit. Gerade das französische Beispiel beweist dies ...

Drei intellektuelle Sünden

Man muß sich von der ahistorischen Zwangsvorstellung befreien, daß es *einen* vernünftigen und normalen Weg zur Nation gäbe, – den des Westens; ebenso von der Behauptung, daß die deutschen Katastrophen (1918, 1933, 1945) aus der nicht gelungenen Parlamentarisierung und dem fehlenden Liberalismus, gar aus der fehlgeschlagenen Aufklärung resultieren. Denn mit dieser Zwangsvorstellung begeht man gleich drei intellektuelle Sünden.

Zunächst ignoriert man die ungeheuer lang andauernde Krise des politischen Systems in Frankreich zwischen 1789 und 1871 und verstellt sich den Blick für die Tatsache, daß gerade das in solchen Vorstellungsmustern idealisierte England sich nicht nur aufgrund seiner Kolonien den Liberalismus leisten konnte, sondern daß die schützenden Schichten hier besonders stark waren. Das englische System war die Symbiose von feudalen und kapitalistischen Gruppen, und die spätere Demokratisierung war die Aristokratisierung der Plebs, – dies alles auf dem Hintergrund einer gut verschanzten, naturhaft wirkenden Macht. Nur durch sie waren der von unseren Politpädagogen so glorifizierte Parlamentarismus und die noch wichtigere englische Rechtsauffassung möglich.

Die zweite intellektuelle Sünde ist, daß man eine Werthierarchie politischer-staatlicher Formen konstruiert, – wichtig ist aber allein, was ein bestimmtes politisches System in einem bestimmten Zeitabschnitt für ein bestimmtes Volk leistet und leisten kann.

Es zeigt sich der Illiberalismus des Liberalen, sein schematischer Rationalismus und sein durch keine Erfahrung klug werdendes Fortschrittsdenken, wenn behauptet wird, die Geschichte strebe einem Ziel zu: dem modernen, liberal-parlamentarischen und agnostischen Verfassungsstaat. Daß auch dieser auf einem *bloc des ideés incontestables* (Maurice Hauriou) ruhen muß, auf einem Komplex irrationaler Annahmen und Selbstverständlichkeiten, die außerhalb jeder Diskussion stehen – also letztlich auf einem kollektiven und als Mythos wirksamen Erlebnis, bleibt außer Betracht. Die Idee der deutschen Romantik vom ewigen Gespräch wird zur Konstruktionsformel des Politischen, – die Konzepte unseres aufgeblähten politischen Erziehungsapparates bis hinauf zu Habermas laufen auf nichts anderes hinaus. In beinahe allen ideologischen Lagern der Bundesrepublik wird heute erwartet, daß jeder Staat ein *liberaler* zu sein habe. Die politisch abstruse Vorstellung von der *one world* wurzelt hier und auch die ständige Bereitschaft zur moralisierenden Intervention. (Z. B. wenn bundesdeutsche Parlamentarier die Türkeihilfe an die Bedingung knüpfen wollen, daß in der Türkei die Menschenrechte respektiert werden, – ohne sich zu fragen, ob denn die Stärkung der Südostflanke der NATO nicht wichtiger ist und ob die Beachtung der Menschenrechte dort nicht erneut den Bürgerkrieg entfesselt.)

Entscheidend ist die dritte intellektuelle Sünde: die Behauptung einer grundsätzlichen Unterlegenheit des politischen Systems des deutschen Kaiserreiches. In Wirklichkeit war der preußische Verwaltungsstaat in wohl jeder Hinsicht dem westlichen Verfassungsstaat in der Bewältigung aller mit der Industrialisierung zusammenhängenden Probleme überlegen, und die Illusionen des ökonomischen Liberalismus waren längst von Gustav von Schmoller und Friedrich List widerlegt worden. Männer wie Hegel, Savigny, Lorenz von Stein sahen sehr wohl, daß die Freiheit des Einzelnen stärker von der Gesellschaft als vom Staat bedroht sei und daß deshalb die gesellschaftlichen Gewalten gebändigt werden müssen.

Der Sieg des Bürgers über den Soldaten

Der preußische Verfassungskonflikt (1862–66) endete remis, und jeder konnte sich als Sieger fühlen; die Herauslösung der militärischen Kommandogewalt aus dem liberalen Teil der Verfassung muße jedoch als anarchisch-rechtloser Zustand erscheinen. Der preußische Soldatenstaat hatte, wie Carl Schmitt ausführt, 1866 bis 71 den Sieg für sich – die liberale Bewegung aber die *Verfassung* auf ihrer Seite. Die Stabilität des Reiches ruhte auf der Vertagung des Konflikts. Was aber, wenn Sieg und Erfolg einmal ausblieben? Bis dahin aber unterwarf sich der preußische Soldatenstaat dem Anspruch auf schnelle, siegreiche Kriege und auf Prosperität. Die Armee zog sich zurück, wurde zu einer rein *technischen Sache* für den Ernstfall. Sie mußte zum Staat im Staate werden, weil es weder zu einer gerade für Demokratien erforderlichen allgemeinen Wehrpflicht kam (sie stand auf dem Papier), noch dazu, daß die Armee die politische und geistige Führung übernahm.

So kam im Kriege jede Verschlechterung der Lage dem Parlamentarismus zugute, und deshalb wirkte die steigende Gefahr nicht einigend, sondern sprengend. Als Wilhelm II. im Oktober 1918 alle Forderungen der Parlamentarier erfüllte, hätte es an diesen gelegen, das Land oder zumindest seine politische Einheit zu retten. Doch ein Liberaler wie Max von Baden glaubte, er könne die Nation vor Schaden bewahren, wenn man Wilhelm II. zur Abdankung zwänge. So wurde die Unterwerfung unter die Auffassungen des Feindes von Staat und Recht perfekt und was danach folgte, war nur konsequent. Nicht nur wurde der Versailler Vertrag unterzeichnet und blieb energischer Widerstand gegen die Zumutungen der Entente aus, sondern es kam zur Weimarer Verfassung, in der alle liberalen Forderungen des 19. Jahrhunderts bis zu ihrer pluralistischen Absurdität getrieben wurden, mittels der der doch sowieso schon gestorbene preußische Soldatenstaat noch einmal besiegt wurde. Weimar war radikalisierter Liberalismus im Zeitalter der Massendemokratie (denn die Zeit des Liberalismus war um), ein Liberalismus ohne schützende Schicht. Jahrzehntelang hatte das liberale Lager im Kaiserreich die schützende Schicht attackiert, jetzt war er sich selbst überlassen, unfähig Freund und Feind zu unterscheiden. So erlebte der Liberalismus seinen Triumph, als ihm schon gar keine Funktion mehr zukam, er hatte seinen Gegenpol (die Monarchie), sein Aktionsfeld und sein ideologisches Medium verloren und wurde so zur vagabundierenden und vagen Gesinnung.

Das Individuum, die Aufklärung, das Eigentum, der friedliche Handel und die friedliche Verhandlung waren im Feuer der totalen Mobilmachung, deren Basis der Rathenau'sche Planstaat war, gestorben. Vier grausame Jahre lang waren die liberalen Ideale widerlegt worden, und doch entfalteten sie erst danach ihre ganze Kraft.

Weimar – Genf – Versailles

Das neu-liberale Credo wurde in Weimar, Genf und Versailles formuliert, mit ihm sollte Deutschland an die Kette gelegt werden. Am ersten Ort lieferten die Deutschen selbst den Staat den pluralistischen Mächten der Gesellschaft aus, wurde der Leviathan zerschnitten. Wo es aber keinen Schutz gab, gab es auch bald keinen Gehorsam mehr.

Am zweiten Ort wurde das klassische europäische Völkerrecht beerdigt. Nicht nur, daß die Idee der *one world* dazu führte, daß scheinsouveräne asiatische und afrikanische Staaten über Fragen Zentraleuropas diskutierten, man erfand dort auch neue Verbrechen wie *Angriffsakt, Angriffskrieg* und *ungerechter Krieg*, im Kellogg-Pakt wiederholten sich die entsprechenden Formulierungen. Damit wurde der Staat verneint, versuchte man doch, ihm das *jus belli* aus der Hand zu schlagen und eine Art internationales Sanktions- und Repressalienrecht zu entwickeln. Das war bereits eine Art liberaler Fiebertraum. Der Gegner war nicht mehr Feind, sondern Friedensstörer und Friedensfeind, und der Kampf gegen ihn war ein Kreuzzug zur Verteidigung der Freiheit, *Make the world safe for democracy* u.ä. Und das hieß natürlich nichts anderes, als daß er nicht friedensvertragsfähig war: Er mußte ausgerottet oder zumindest umerzogen werden. Und bezahlen.

Es ist die liberale „Polarität von Ethik und Ökonomie" (Carl Schmitt), die sich am dritten Ort, Versailles, besonders deutlich auswirkte. Alle politischen Begriffe werden im liberalen Denken, das sie scheut (weil für die Politik der Gott des Liberalen, der Einzelne, eine *quantité negliable* sein muß) zu ethisch-geistigen und zu ökonomischen Begriffen umgefälscht. Aus *Kampf* wird *Konkurrenz* und *Diskussion*, aus *Staat* wird *Gesellschaft* und *Menschheit,* aus *Volk* wird einerseits *Publikum*, andererseits *Personal* bzw. *Konsumenten.*

Ohne Begriff von Frieden mußte man den Krieg an sich, nicht nur gewisse Handlungen *im* Krieg kriminalisieren. Dieser Versuch, in der absurden Forderung gipfelnd, Wilhelm II. als „Kriegsverbrecher" auszuliefern, gelang zwar nicht ganz, schuf aber die von jetzt an eifrig benutzte Möglichkeit, den jeweils Unterlegenen also Feind des *Fortschritts*, der *Menschheit,* der *Humanität* usw. (also als Feind unpolitischer Begriffe!) zu brandmarken. Diese unerhörten Kriminalisierungsmöglichkeiten entnahm der Spätliberalismus dem ausgehenden 18. Jahrhundert, in dem man mit humanitären Appellen begann und mit Bluthochzeiten endete. Nichts wiederholt sich, doch alles ist ähnlich: Die Waffen, die der Spätliberalismus schmiedete, fielen den totalitären Bewegungen in die Hände.

Die Folgen des Liberalismus waren furchtbar, also wurde es auch die Reaktion: Hitler wurde in Versailles geboren. Doch schon zuvor wurden die Siegermächte Opfer der eigenen Proklamationen. Ihre Machtelite kam nicht länger aus dem vorliberalen und vorkapitalistischen Schichten, sondern entstammte selbst der liberalen Bourgeoisie. Diese Schicht vermag eine Idee wie die der Herrschaft von Menschen über Menschen kaum zu denken, und mit dem Gebrauch der Gewalt tut sie sich schwer. Wer mit ökonomisch-utilituristischen Argumenten und ethischen Phrasen eine massive Unterdrückungspolitik kaschiert, wird eines Tages Opfer der eigenen unpolitischen Begriffe. Ist die Ausbeutung des Unterworfenen wegen seines Widerstandes zu schwierig, erwacht beim Sieger die ethische Bedenklichkeit und er zieht sich zurück. Er hat investiert, jetzt aber „schreibt er ab", und über seinen Machtverlust vermag er sich allemal zu betrügen. Dies ist, lange schon vor Vietnam, die Situation der USA. Damals war es auch die Situation der Siegermächte, die Deutschland nicht mehr unter Kuratel halten konnten, und in der auch die Kolonialreiche Englands und Frankreichs zu bröckeln begannen. Besteht für den politisch Denkenden die Gleichheit darin, daß jeder jeden töten kann, so für den Liberalen darin, daß jeder sich mit jedem verständigen kann. Das glaubte man denn auch gegenüber Hitler: Was die Generation der Clemenceaus, die noch einen Tropfen revolutionären Bluts in den Adern hatte, bei den Weimarer Politikern geahndet hätte, ließen ihre Nachfolger Hitler durchgehen. Man wird sich schon arrangieren können ...

Während der Erste Weltkrieg tobte, war man unfähig, den Frieden im Kriege vorzubereiten. Die den Liberalen so verhaßten militärischen Dynastien wußten noch um die Beziehungen zwischen Politik und Krieg und zwischen Krieg und Frieden; man denke nur an Bismarck und Moltke. Für die Liberalen aber war der Krieg ein aus aller Normalität herausfallendes Verbrechen, das zu „bestrafen" war. Deshalb mußten sie den Störer ihres idyllischen Weltbildes als Barbaren brandmarken und seinen möglichen Sieg als Untergang der Kultur darstellen: Der pazifistisch-moralische Affekt des Liberalismus und die Demagogie und Haßfähigkeit der Massendemokratie steigerten einander unaufhörlich. Die Deutschen hatten diesem ideologischen Gemisch nie viel mehr entgegenzusetzen als antiwestliche Tölpeleien und eine pathetische Anbetung der tatsächlich herrschenden Gottheit, die sie unnütz beim Namen nannten: der Macht.

Als der Krieg beendet war, powerte man den Besiegten mit dem besten Gewissen aus und erklärte ihn für ehrlos; man war unfähig, mit ihm, als einem gerechten Feind, Frieden zu schließen. Als man ihn nicht mehr auspowern konnte, ja, als diese Auspowerung die eigene Wirtschaft schädigte und die heiligste aller Kühe, der freie internationale Handel, bedroht war, belebten sich die sentimentalen Gefühle und der Verständigungswille. Man begriff nicht, daß es zu spät war und war blind für die heraufziehende Gefahr. Nach der Eröffnung des Krieges gegen Polen erwachte der Stolz dessen, dem man den Händedruck verweigert: Man war bereit, für Danzig zu sterben. Der Weltkrieg war da. Zwischen 1918 und 1933 konnte man alle Facetten liberalen Denkens und Handelns bewundern ...

Die Umerziehung

Friedrich Ebert wollte nach 1918 die Monarchie fortführen, Graf Stauffenberg wollte nach der Beseitigung Hitlers den autoritären Staat. Beide wußten, daß für die Deutschen der Obrigkeitsstaat die „angemessene, zukömmliche und im Grunde gewollte Staatsform ist und bleibt“ (Sebastian Haffner). Wahrscheinlich hätte sich beide Male die Mehrheit des Volkes für ein solches Konzept entschieden. Doch beide Male wurde das liberal-parlamentarische System auf Nötigung der Sieger hin importiert. Daß der Untergang Weimars auch in einer Verfassung begründet lag, die in der Krise den Pluralismus gesellschaftlicher Gewalten verschärfte, und daß Hitler ohne diese Verfassung nicht denkbar war, wurde ignoriert. Der Aufstieg Hitlers galt nicht als Antwort auf Versailles und auf die Ineffezienz des liberal-parlamentarischen Systems, sondern wurde als Beweis dafür genommen, daß es – weshalb denn wohl? – am nötigen demokratischen Bewußtsein gemangelt habe. Wäre dies ausreichend vorhanden gewesen, so hätte man, staunend hören's die folgsamen Kinder, die Krise lösen können. Hitlers Un-Staat, diese „autoritäre Anarchie“, wurde zu einem Exzeß des Etatismus verfälscht, eine massiv antiautoritäre Reaktion war also nötig. Die Deutschen mußten einer kräftigen Umerziehung unterworfen werden, damit sie klaglos ihre Identität preisgaben, um sich in das liberale westliche Lager einzugliedern und ein für alle mal ungefährlich zu werden. Man mußte ihnen Schwäche und Schuldbewußtsein einimpfen.

Damit diese Umerziehung greife, mußte sie einen politischen und konstitutionellen Unterbau bekommen. Nach dem 8. Mai 1945 wurde der deutsche Staat aufgelöst; damit war ein Friedensvertrag unmöglich. Wir warten noch heute auf ihn, und es ist bezeichnend, daß es bisher keinen Bundeskanzler gegeben hat, der ihn energisch forderte. Ganz unabhängig von der rasch eintretenden Verfeindung der Siegermächte, die zur deutschen Teilung führte, erleichterte dieses Vorgehen 1949 die Gründung eines Staates ohne Souveränität, mit einer erst spät durchgesetzten und dazu lächerlichen Notstandsgesetzgebung, durch die die alliierten Vorbehaltsrechte nicht tangiert werden, mit einer Armee, die nicht unter dem nationalen Befehl steht. Damit basiert die Stabilität und sogar die Legitimität der Bundesrepublik von vornherein auf dem Gedeihen ihrer Ökonomie und auf dem Wirtschaftswachstum.

Diese Abhängigkeit eines zurechtgestutzten Schein-Staates, der zugleich überall interveniert (eines „quantitativen totalen Staates“ in Schmittscher Terminologie) paßt genau zur Wandlung des Begriffes *Liberalismus* nach 1945. Mit diesem Begriff wird heute nur noch selten der messianische Glaube an das freie Unternehmertum assoziiert, wie ihn etwa Roepke, Rüstow, v. Hayek und v. Mises verfochten und wie ihn Ludwig Erhard popularisierte. Sondern mit diesem Begriff wird heute, ganz nach dem amerikanischen Sprachgebrauch, eine diffuse, menschenfreundliche, entspannungssüchtige, sozial-sentimentale und antistaatliche Ideologie, die nach links hin tolerant ist, erfaßt: „Die wirklichen Liberalen sitzen längst nicht mehr bei der FDP“ (Günter Grass). Freilich haben *diesem* „Neo-Liberalismus“ die Roepke et al. schon ungewollt vorgearbeitet. Schon bei ihnen glaubte man, der Staat sei letztlich böse und die Gesellschaft, wenn auch nicht gut, verfüge über die Arznei; die Moral (bzw. das „Recht“) habe über der Macht zu stehen (was nur zu einem Sturmlauf indirekter Gewalten mittels Gerechtigkeits- und Toleranzparolen gegen den Staat führte, der sich, nach Helmut Schmidt, nur noch als „Betrieb“ definieren konnte; zu einer dauernden Heuchelei also); die Ökonomie und die Ethik hätten die Politik zu ersetzen usw.

Die gerade von Kommunisten hochgelobte Verfassung der Bundesrepublik, in der darauf verzichtet wird, „die Souveränität zu stabilisieren wie einen *Rocher de bronze*, (und) im Gegenteil die Abtretung von Hoheitsrechten an internationale Organe leichter als in irgendeiner anderen Verfassung der Welt“ (Carlo Schmid) macht, erfüllt beinahe alle liberal-antistaatlichen Wünsche. In dieser Verfassung ist an jedes nur denkbare Recht gedacht worden, nur nicht an das des Staates, sich zu erhalten und zu verteidigen. Dem Phänomen der legalen Revolution steht dieser Staat trotz dem Extremistenerlaß und dem pompösen BKA hilflos gegenüber, und die Methode, den innerstaatlichen Feind als *Verfassungsfeind* auszuschalten, ist fragwürdig. Wenn sich schon Professoren des Staatsrechts die Köpfe einschlagen, was denn diese Verfassung, die „nicht das Ergebnis einer Entscheidung, sondern das Produkt einer Lage“ (Forsthoff) ist, impliziert, dann kann man mit der Forderung an den Lokomotivführer, er müsse jederzeit diese Verfassung verteidigen, diese nur diskreditieren und nur die eigene Auflösung forcieren. Es gibt aber immer noch Autoren, die einen *Verfassungspatriotismus* (Dolf Sternberger) fordern und wähnen, damit etwas für eine Stabilisierung zu tun.

Die Wurzel des Anti-Amerikanismus

Der uns verordnete Spätliberalismus ist zur Linken hin seit Mitte der 60er Jahre kaum abzugrenzen, und obgleich er dazu dienen sollte, die Deutschen zu braven Parteigängern des Westens zu machen, ist er auch die Wurzel des sich mit dem Vietnam-Krieg entwickelnden Anti-Amerikanismus. Die Amerikaner brachten den Deutschen zu nachdrücklich ihre moralischen Standards über Politik bei, und die Deutschen waren eifrige Schüler und nahmen die Botschaft ernst. Solange die Deutschen auf ihre Schuld zurückschauten, die von Jahr zu Jahr im Rückblick größer wurde, solange Amerika die Tatsache seiner längst abhanden gekommenen Unschuld verbergen konnte, weil es diese Tatsache selbst noch nicht begriffen hatte; solange auch die Drohung aus dem Osten eine überwältigende Evidenz besaß, die erst durch die

Entspannungspolitik verdeckt wurde – solange konnten sich die Deutschen als den Auswurf Europas betrachten und die USA verehren, weil die doch großmütig ihnen die Demokratie schenkten und sie beschützten. Im Vietnamkrieg aber, der an den westlichen Fernseh-Schirmen entschieden wurde, zeigten die Amerikaner, daß sie gegen ihre eigenen moralischen Normen verstießen. Das Vietnam-Tribunal konnte die USA „verurteilen" aufgrund der Regeln, die früher in Nürnberg galten und der damals auf die Straße schwappende Haß auf die Schutzmacht war kaum anders strukturiert als der Haß auf die Besiegten von 1945. Die Amerikaner waren also auch *Nazis* und da man als junger Deutscher im Sinne Amerikas gegen die Nazis war, war man jetzt gegen die USA.

Die diffuse liberale Gesinnung, der das Gros der amerikanischen Intelligenz seit den Tagen Eleanor Roosevelts opferte, gehört zur Geschichte des westlichen Selbstmordes und ist schon oft genug behandelt worden. (Vgl. James Burnham, *Begeht der Westen Selbstmord?* (1965) und Theodore J. Lowi, *The End of Liberalism)* Der Rückzug in Vietnam, Kambodscha, Mozambique, Angola, die Aufgabe des Iran und die schon drohende Aufgabe Südafrikas sind beredsam genug. Die Höhe der Ostblockschulden sind ein anderes Beispiel, – inzwischen ist der Schuldner stärker als der Gläubiger: Man hat die Politik den friedliebenden Bankiers überlassen. Die Entspannungspolitik, durch die sich die Ost-West-Probleme nur verschärft haben, ist ein weiteres Beispiel. Und jetzt erheitert uns der Antikommunist Reagan und bittet die UdSSR, ihm seinen Weizen abzukaufen.

Idee und Nation

Doch was hat dies alles mit Liberalismus zu tun? Die Auflösung des Politischen in Ethik und Ökonomie und der neurotische Affekt gegen die Macht als eines im Grunde *Bösen,* der man ab und an mit schlechtem Gewissen opfern muß, sind zwei Konstanten liberalen Denkens.

Eine andere ist, daß das Individuum zum Ausgangspunkt aller politischen Überlegungen gemacht wird. Diese geradezu reine

Substanz des Liberalismus ist heute die Substanz der Innenpolitik der westlichen Staaten, und zwar bei allen ihren Gruppierungen; der Außenpolitik in einem hohen, wenn auch etwas minderem Maße. Die rein negative Bestimmung der Freiheit, wie sie dem rational konstruierendem Liberalismus eigentümlich war und die durch jeweils andere Mächte, andere schützende Schichten und verschiedenartigste ideologische Reserven ausbalanciert und konkretisiert wurde, hat sich in den Massengesellschaften des Westens durchgesetzt. Eine kreative politische Vorstellung ist dies nicht, – aber „kein gesellschaftlicher Apparat kann lange ohne eine kreative politische Vorstellung gedeihen" (Calleo).

Der Liberalismus, einst eine Epochentendenz, dann eine Partei und schließlich eine die Gesamtgesellschaft durchdringende Stimmung aus Libertinage, Komfortabhängigkeit, Friedensgier, Egoismus und Entpolitisierung, verbunden mit Emanzipationen aller Art, hat heute alle schützenden Schichten wie die ihn beschützenden ideologischen Reserven und Gegengewichte abgetragen. Die Kämpfe in solchen liberalen Gesellschaften, wie erbittert sie auch sein mögen, finden nur noch *innerhalb* liberaler Fraktionen statt. Diese Kämpfe müssen bei sinkendem Wirtschaftswachstum so erbittert sein, weil es um die Interessen von Gruppen oder Subjekten geht, die sich ein Gesamtinteresse nicht mehr vorstellen können und weil auch niemand mehr die Kraft hat, eine Definition dieses Gesamtinteresses durchzusetzen.

Je weniger der Liberalismus politisch zu konkretisieren ist, desto reiner tritt sein Prinzip hervor: die Demoralisierung durch Ortlosigkeit und Gleichgültigkeit. Doch wer nicht mehr verbrennen kann, leuchtet auch nicht mehr. Der immer noch berüchtigte und längst nicht mehr gelesene Moeller van den Bruck schrieb 1923: „An Liberalismus gehen die Völker zugrunde." Ein Volk kann sich eine Zeitlang in supranationale Illusionen flüchten, und es kann eine Zeitlang seine liberalen Gefühle unter den Rockschößen der Schutzmacht luxurieren lassen. Aber es wird eines Tages vor der Frage stehen, ob es zum Objekt wird oder zur Beute oder ob es die Nation wiedergewinnt. Die Wiedergewinnung der Nation führt in Deutschland nur über den Kampf gegen den scheinbar universell gewordenen Liberalismus.

Wiedergelesen

H. R. Trevor-Roper

Wahrheit, Liberalismus und Autorität

Reprint aus ‚Der Monat' 2. Jahrgang 1950, Nr. 22/23

Die Einmischung des Staates in Fragen der wissenschaftlichen Forschung, d. h. der Versuch, einer bestimmten Doktrin zu einem Monopol zu verhelfen und alle anderen Lehren auszumerzen, hat in letzter Zeit beträchtlich zugenommen. Dies beruht nicht darauf, daß absolute Regierungen – Regierungen also, die sich willentlich in die Belange der Wissenschaft einmischen – zur Regel geworden sind (sie waren es schon vor dem 19. Jahrhundert), und auch nicht nur darauf, daß die ihnen zur Verfügung stehenden Machtmittel zugenommen haben (so offenkundig diese Zunahme zweifellos ist); mitgespielt hat dabei auch, daß die dem Eingriff des Staates ausgesetzten Wissenschaftszweige ganz erheblich an Bedeutung gewonnen haben. Wissenschaftliche Disziplinen wie die Metallurgie und das Hüttenwesen, die Finanzwissenschaft und die Industrieplanung haben stets das Interesse der Regierenden gefunden, und ihre Intervention auf diesen Gebieten trug oftmals totalitären Charakter. Auch in der Philosophie kennt man solche Eingriffe, denn Philosophie ist oft gleichbedeutend mit Politik.

Die absolute, kompromißlose, systematische Intervention einer Regierung in die Ergebnisse politisch scheinbar so bedeutungsloser Wissenschaften, wie es die Physik, die Genetik, die Geschichtsforschung, die Musik und die Malerei nun einmal sind, ist durchaus nichts Neues, sondern sogar so alt, daß sie allgemein, außer bei den Historikern, in Vergessenheit geraten ist. Es ist wie die Rückkehr eines früheren Zeitalters, von dem sich die Welt schon befreit glaubte, um dann doch festzustellen, daß die Geschichte letzten Endes keinen Fortschritt, sondern eine Bewegung im Kreise darstellt.

Warum halten es nun moderne Regierungen für ratsam, sich in diese scheinbar abgelegenen Dinge einzumischen? Wenn wir diese Frage historisch betrachten, halte ich sie nicht für unlösbar, denn es gibt Präzedenzfälle. Eine solche Einmischung ist weder neu, noch ist sie auf bestimmte Länder oder bestimmte Kulturen beschränkt. Die modernen Vorkämpfer der „westlichen Kultur" berufen sich oft, wie romantische Liebhaber, auf Tugenden, die diese Kultur gar nicht besitzt. Sie setzen voraus, daß die westliche Kultur immer liberal gewesen sei. Das ist aber nicht der Fall. Die westliche Kultur mag vielleicht jetzt liberal sein; in der Vergangenheit aber hat sie sich als ebenso intolerant, ebenso störend und ebenso systematisch in ihren Forderungen erwiesen wie die modernen totalitären Systeme, die sie jetzt mit Vernichtung bedrohen. In ihrem Namen haben sich Regierungen in ebenso viele nebensächliche Gebiete des menschlichen Wissens eingemischt; und diese Intervention hat sich für die Kultur hinterher oft als ebenso abträglich erwiesen. Die führenden Instanzen sind damals wie heute die Kirchen, heute die Laienkirchen des Nationalsozialismus und des Bolschewismus, damals die christlichen Kirchen. Zwischen den jeweiligen Konfessionen besteht in dieser Hinsicht wenig Unterschied. Unter den christlichen Kirchen waren die Protestanten nicht liberaler als die Katholiken – sie waren nur schwächer. Luther und Calvin bekämpften Kopernikus ebenso heftig wie die römisch-katholischen Theologen, die seine Lehre bis 1835 auf dem Index ließen, weil er indirekt die Glaubwürdigkeit des Buches Josua bestritt. Wenn also die Verdammung der Gegner Lyssenkos durch die russische Regierung dreihundert

Jahre aufrechterhalten bleibt, wird es immer noch früh genug sein, die inhärente Überlegenheit der westlichen Kultur zu verfechten.

Der Kampf gegen die Wissenschaft ist eine fast automatische Folge des Kampfes einer Ideologie um ihren Fortbestand. Regierungen, die sich auf überkommene Macht gründen, zeigen meistens einen gewissen *„good will"*, der sich gegenüber jeder unpolitischen Tätigkeit indifferent macht; Regierungen, die sich auf nackte Gewalt gründen, hegen selten Interesse für doktrinäre Nichtigkeiten – sie werden natürlich offensichtlich subversive Tendenzen unterdrücken, sich aber nicht um wissenschaftliche Auseinandersetzungen kümmern; eine Regierung aber, die ihre Macht oder einen Teil ihrer Macht einer Doktrin verdankt, benötigt für ihren Fortbestand nicht nur eine Polizei, sondern auch einen Priesterstand; für ihre Kriegführung nicht nur eine Armee, sondern auch eine Inquisition und einen Propagandastab. Solche Regierungen hat es in der Geschichte der westlichen Zivilisation ebenso gegeben wie in den Annalen anderer Völker. Um den gegenwärtigen Kampf zwischen Totalitarismus und Wissenschaft zu verstehen, müssen wir nicht nur auf die liberalen Jahrhunderte zurückblicken, sondern auch auf die Zeit, als die römisch-katholische Kirche auf den Ruinen des Römischen Imperiums errichtet wurde, oder auf die Epoche, in der Europa durch die lange fälschlich als Religionskriege beezeichneten Wirren zwischen Reformation und Gegenreformation erschüttert wurde.

Diese beiden Zeitabschnitte des Rückschritts folgten wie unsere Epoche – auf aufgeklärte Zeitalter, in dem einen Fall die *Pax Romana* des Römischen Imperiums, im anderen die europäische Renaissance. Und in beiden entlehnten die Propheten der Finsternis einen Teil ihrer Heilsbotschaft noch der liberalen Kultur, die ihre Nachfolger schließlich auszurotten suchten.

Heute nun leben wir in einer dritten Epoche ideologischer Machtentfaltung, in der es zu einem Kampf des Dogmas gegen die wissenschaftliche Forschung kommt. Hitler und Stalin führten und führen mit ihren Priestern und Inquisitoren, ihren Missionaren und Zensoren Krieg gegen die freie Forschung des liberalen Zeitalters, dem sie ihre Lehren verdanken. Die Tatsache, daß sie die Geschosse ihrer Doktrinen aufeinander loslassen, unterscheidet sie voneinander nicht mehr, als Arius sich von Athanasius oder Calvin von Loyola unterscheidet. Der Krieg der totalitären Kräfte gegen die Wissenschaft ist nicht ein Charakteristikum dieser oder jener Persönlichkeit oder dieser oder jener Partei, sondern kennzeichnet ein ganzes Zeitalter.

Wenn wir von diesen drei Perioden ausgehen, müßten wir das Gebiet umreißen können, innerhalb dessen es möglich sein könnte, den Angriff gegen die Wissenschaft abzuwehren. Meiner Ansicht nach ist dieses Gebiet sehr klein, es existiert aber jedenfalls. Um es abzugrenzen, müssen wir den allgemeinen Charakter der doktrinären Systeme in Betracht ziehen, in deren Namen der Kampf geführt wird.

Diese Systeme sind grundsätzlich nicht wissenschaftlicher Natur. Wenn auch ihre Propheten, Priester und fanatischen Verteidiger sie für objektiv wahr halten mögen, verdanken sie ihre Überzeugungskraft nicht irgendeinem Element der Wahrheit, das sie vielleicht zufällig enthalten, sondern ihrem Eingehen auf die Interessen und Wunschträume der von ihnen mobilisierten Klassen. Sie sind ein Ersatz für andere Machtformen, eine Kriegs- und Eroberungswaffe, ein Hebel, mit dem die alte Gesellschaftsstruktur aus den Angeln gehoben und die Vorherrschaft neuer Gruppen gesichert wird. So sind sie notwendigerweise mit praktischen Zielen verknüpft. Wenn sie sich im Laufe der Zeit und des Kampfes ändern sollten, so handelt es sich bei dieser Änderung bestimmt nicht um neue wissenschaftliche Theorien, die sich der Kritik des Verstandes beugen. Wenn wir uns also mit solchen Theorien beschäftigen, sollten wir keine Zeit mit der Kritik ihres logischen Inhalts vergeuden: wir sollten vielmehr ihren Zweck und ihre Wirksamkeit untersuchen. Wir werden dann bei allen gewisse gemeinsame und interessante Züge feststellen.

Alle derartigen Systeme, die in Wirklichkeit keine wissenschaftlichen Theorien, sondern Propaganda-Losungen darstellen, verkünden den unausweichlichen Sieg ihrer Urheber. Die Urchristen verfochten die Ansicht, daß die Heilige Schrift eine Gewähr für ihren eigenen Sieg sei. Im 17. Jahrhundert glaubten die

Calvinisten an die Prädestination: sie waren die Auserwählten, des Heils gewiß; ihre ruchlosen Feinde waren dem Untergang geweiht. Heutzutage errichtet man solche Systeme aus neuen Bausteinen; aber die allgemeinen Schlußfolgerungen sind die gleichen geblieben. Die Marxisten, die ihren Glauben nicht aus der Theologie herleiten, sondern aus der Geschichte – oder vielmehr aus angeblichen Erkenntnissen, die heute kein guter Historiker akzeptiert –, verkünden, daß der Sieg des Proletariats zu einer historischen Notwendigkeit geworden sei. Die Nationalsozialisten, die ihre Glaubenssätze aus der Geographie und der Biologie ableiteten, behaupteten, daß die Eroberung der Welt durch Deutschland eine geopolitische Notwendigkeit und daher unvermeidlich sei, wie die Unterwerfung aller anderen Völker unter die nordische Rasse. Wenn wir beweisen, daß die Theologie, der historische Materialismus, die Geopolitik und die Rassenlehre intellektuell gesehen nichts als Schwindel sind, treffen wir damit nicht den Kern der Sache. Das alles sind keine logisch begründeten Theorien wie das Newtonsche System. Sie sind Kriegswaffen und Werkzeuge der Regierung. Ihr intellektueller Inhalt wird nicht als Hypothese vorgetragen, sondern als Schlagwort: für ihre Anhänger als Garantie des Endsieges, für ihre Gegner als Warnung, daß Widerstand nutzlos sei.

Nur wenn wir das erkennen, können wir die Bedeutung der neuen Inquisition, der neuen Propaganda, des neuen *Index Librorum Prohibitorum* verstehen. Wenn eine Doktrin nicht die Summe des Wissens darstellt, sondern nur eine Sammlung von Schlagworten, dann hängt ihre Wirksamkeit nicht von ihrer Wahrheit ab: es genügt, wenn sie wahr zu sein scheint. Aus diesem Grunde muß jede auf den Verstand gegründete Theorie – sogar jede verstandesmäßige Annäherung, welche die scheinbare Selbstsicherheit dieser Doktrinen unterminieren könnte, verboten werden. Die Lehren, die den unausbleiblichen Triumph der früheren Kirchen bewiesen, stammen aus der Heiligen Schrift und ihrer Kosmologie, ihretwegen bekämpften die früheren Kirchen alle freien Interpreten der Heiligen Schrift sowie die Astronomen Kopernikus und Galilei, die ihre Kosmologie bestritten. Aus übermäßiger Vorsicht bekämpften sie auch alle übrigen Ansichten, die letztlich als eine mögliche Gefährdung dieser Lehren erscheinen konnten. Die Lehren der neuen Laienkirchen des Nationalsozialismus und des Bolschewismus sind der Geschichte und Wissenschaft entnommen; und Ketzer sind diejenigen, die in diesen eifersüchtig bewachten Gebieten wildern oder ohne Erlaubnis in sie eindringen. Sogar die Außenbezirke dieses Herrschaftsbereichs – die Musik und die Kunst – werden aus dem gleichen Übermaß an Vorsicht ebenso wachsam behütet. Hitlers Diktatur erstreckte sich auch auf die Malerei; Stalin hat erst kürzlich die „bourgeoise Musik" geächtet. Ich glaube, daß nicht einmal die Gegenreformation so weit ging.

Wohin würden unsere heutigen ideologischen Kämpfe führen? In ein neues dunkles Mittelalter oder wie im 18. Jahrhundert in eine neue Aufklärung? Diese Frage wird weitgehend von der wirtschaftlichen Entwicklung Europas abhängen. Die Verfechter der Ideologien hoffen natürlich auf einen Niedergang. Hitler sah sich stets als den Herold finsterer Zeitalter – als einen Attila oder Dschingis Khan. Die einzigen heroischen Epochen, die er in der Geschichte des modernen Europa gelten ließ, waren die Hunnen- und Mongoleneinfälle, auf die er häufig zu sprechen kam. „Es scheint mir oft so", schrieb er an Mussolini, „als ob die menschliche Entwicklung 1500 Jahre lang unterbrochen war und erst jetzt wieder ihren früheren Charakter annehmen will" – mit anderen Worten: er betrachtete die ganze Geschichte der westeuropäischen Zivilisation als eine bloße Unterbrechung; Roland Freisler verglich im Volksgerichtshof mit hochtrabenden Worten den Verzweiflungskampf des nationalsozialistischen Regimes mit dem letzten Kriegslager der barbarischen Goten am Vesuv. Eine ähnliche Grundlage sucht Stalin – der allerdings, soviel mir bekannt ist, mit historischen Parallelen weniger verschwenderisch umgeht – für sein neues Mongolenreich. Er erstrebt nicht den wirtschaftlichen Wohlstand als Mittel zur Verbreitung seines Evangeliums in Europa, sondern Arbeitslosigkeit, Elend und Wirtschaftskrisen. Wenn andererseits in Europa wieder Wohlstand einzieht, könnten die Lehren des Marxismus wie die in

Mißkredit gefallenen Lehren Gobineaus und Rosenbergs vom Erdboden verschwinden; und Stalin würde vielleicht wieder in die Steppe zurücksinken wie die kurzlebige Erscheinung Dschingis Khans im Mittelalter.

Wenn auch die Rolle, die die Intellektuellen in diesem Kampf spielen können, nach meiner Definition notwendigerweise beschränkt ist, so sind sie doch daran nicht unbeteiligt. Sie können sich von der Heuchelei freizumachen suchen und sich gegen Täuschungsmanöver wehren. Zeitalter, die durch Ideologien bestimmt werden, wirken immer wie Epochen heroischer Selbsttäuschung, und jenes Phänomen, das Julien Benda als „*Trahison des Clercs*“ beschreibt, ist meiner Meinung nach weniger, als er selbst annahm, ein Produkt gerade unseres Zeitalters.

Die erste und am klarsten formulierte Behauptung, die zur Rechtfertigung des totalitären Krieges gegen die freie Forschung herangezogen wird, ist inhaltlich wenigstens logisch. Sie vertritt den Standpunkt, daß es an einem bestimmten Punkt in jeder Wissenschaft eine letzte, ewige Wahrheit gibt; daß alle Theorien, die nicht mit dieser Wahrheit übereinstimmen, falsch sind; sie behauptet, daß jede Macht, die diese absolute Wahrheit durch Monopole auf den Gebieten der Erziehung, der Propaganda, der Protektion und des Zwanges unterstützt, damit notwendigerweise die Wahrheit fördert und den Irrtum hemmt. Diese Lehre vertreten im allgemeinen nur diejenigen, welche die Wahrheit bereits entdeckt zu haben glauben und so die Unterdrückung ihrer Gegner rechtfertigen wollen. Angenommen, die Voraussetzung, daß es eine ewige und von Menschen erfaßbare, letzte, wissenschaftliche Wahrheit in allen Fragen gibt, sei zutreffend, dann ist die Behauptung logisch gerechtfertigt, und einige Verfechter dieser Theorie waren daher auch ernst zu nehmende, achtbare Leute. Die Kirchenväter haben diese Auffassung vertreten, und auch moderne Katholiken halten sie immer noch für richtig.

Diese Lehre von der absoluten Wahrheit ist jedoch in ihrer reinen Form – außer bei den Katholiken – jetzt unmodern geworden. An ihre Stelle ist eine neue Theorie getreten, die den Vorteil hat, elastischer zu sein. Leider fehlt dieser neuen Theorie, die zwar Anspruch auf alle praktischen Folgerungen der alten erhebt, die logische Grundlage für einen solchen Anspruch. Es ist die post-marxistische Lehre von der Relativität der Wahrheit.

Marx glaubte wie die Katholiken an eine absolute Wahrheit. Er glaubte, daß seine eigenen Schlußfolgerungen absolut wahr seien. Leider wurde er dadurch logisch in gewisse Schwierigkeiten verwickelt, denn seine Schlußfolgerungen liefen, allgemein gesprochen, darauf hinaus, daß die Schlußfolgerungen aller anderen Philosophen niemals mit der Wahrheit übereinstimmten, sondern nur die Rationalisierung ihrer Klasseninteressen darstellten. Wie konnten dann seine eigenen Erlebnisse über die Folgerungen der anderen Philosophen richtig sein? Marx suchte gewissenhaft nach einer Formel und fand sie auch: seiner Meinung nach gibt es eine Gesellschaftsschicht, die insofern eine Ausnahme bildet, als ihre Ideen durch Klasseninteressen unbeeinflußt sind – die Schicht der „Intellektuellen" –, deren Schlußfolgerungen daher hypothetisch richtig sein können. Innerhalb dieser Schicht, so folgerte er weiter, gibt es zwei Individuen – Engels und ihn selbst –, deren Schlußfolgerungen tatsächlich stimmen. Mit Hilfe dieser etwas ausgeklügelten Argumentation konnte er mit logischer Berechtigung ein Autoritätsmonopol für seine eigenen Lehren fordern.

Leider waren seine Nachfolger solcher intellektueller Kraftakte nicht mehr fähig. Das Dogma einer absoluten Wahrheit – die einzige logische Rechtfertigung des Monopols der Macht – verlangt, daß diese Wahrheit ewig und unwandelbar gültig sei. Daher stammt auch der verzweifelte Anspruch der römisch-katholischen Kirche, *semper eadem* zu bleiben. Aber die marxistische Wahrheit ist sogar noch geschmeidiger als die der Römischen Kirche; und die in einem Jahr gültigen Wahrheiten werden jetzt regelmäßig im darauffolgenden wieder eingestampft. Diese Erfahrung macht u.a. der halsstarrige leninistische Historiker M. N. Pokrowski. „Der ursprüngliche Plan und Gedanke dieses Buches", schrieb er in der Einleitung zur 10. Auflage seiner *„Kurzen Geschichte Rußlands"*, „wurde von W. I. Lenin gebilligt. Den Leninismus zu revidieren, und sei es nur in den geringsten Einzelheiten, ist ein Gedanke, den ich überhaupt nicht in Erwägung ziehe und bereitwillig anderen überlasse." Zwei Jahre später übernahmen andere diese Aufgabe. Der Leninismus wurde von Stalin revidiert, und die Werke Pokrowskis wurden eingestampft. Ähnliche Beispiele könnten *ad infinitum* fortgesetzt werden. Unter diesen Umständen die Lehre von der absoluten Wahrheit aufrechtzuerhalten, ist offensichtlich unmöglich.

Unsere modernen Ideologen haben daher tatsächlich die Lehre von der absoluten Wahrheit über Bord geworfen und sie durch die Lehre von der relativen Wahrheit ersetzt. Ihre Philosophen sind zu dem Schluß gekommen, daß Marx unrecht hatte: es gibt keine Ausnahme von der Regel, daß philosophische Schlußfolgerungen lediglich eine Rationalisierung des Klasseninteresses bedeuten. Diese Entscheidung hat die Propagandisten aus ihrer schwierigen Lage befreit. Statt die Behauptung aufrechterhalten zu müssen, daß alle Ansichten außer denjenigen ihrer eigenen Partei lediglich durch die Klassenzugehörigkeit bedingt und daher einer intellektuellen Würdigung nicht wert seien, behaupten sie heute, daß *alle* Ansichten klassengebunden seien und die „Wahrheit" von der Klasse gepachtet sei, von der sie als Propagandisten beschäftigt werden. So hören wir von der „deutschen Wahrheit", der „nationalsozialistischen Wahrheit", der „marxistischen Wahrheit", der „proletarischen Wahrheit"; während die „Objektivität" – da sie nach dieser neuen Definition niemandes Wahrheit ist – jetzt verächtlich abgelehnt wird, nachdem man sie vorher in den Himmel gehoben hatte. So verurteilte Hitler „die verdammten objektiven Ansichten des Generalstabs"; in Bulgarien wurde eines meiner Bücher von der kommunistischen Regierung ausdrücklich mit der Begründung, daß es „zu objektiv" sei, konfisziert und verboten. Was für die Wahrheit gilt, gilt ebenso für andere abstrakte Begriffe wie z. B. die Gerechtigkeit. So erklärt Wyschinski in seinem Standardwerk über die Prinzipien der sowjetischen Justiz, daß diese keineswegs „gerechter" sei als in anderen Teilen der Welt, daß aber in Wirklichkeit jede Justiz das Mittel zur Wahrung der Interessen der herrschenden Klasse darstelle und daß die sowjetische Rechtspflege diesem Zweck wirksamer diene als jedes andere Rechtswesen. So bedeutet die

Lehre von der relativen Wahrheit tatsächlich nichts anderes als eine Tarnung der reinen Zweckmäßigkeit. Leider hat aber diese Lehre, die die Propagandisten aus der Klemme der sich ständig verändernden Parteilinie befreite, die Philosophen in das Dilemma zurückgeworfen, aus dem sich Marx mit seiner Lehre von der eigens für ihn reservierten besonderen absoluten Wahrheit so geschickt herauslaviert hatte. Praktisch ist die ganze Theorie der Sophistik eines Politikers entsprungen; intellektuell gesehen widerspricht sie sich selbst: bei korrektem Sprachgebrauch wird sie bedeutungslos.

Eine Variante der Lehre von der relativen Wahrheit ist die Lehre vom Mythos, die, soviel ich weiß, ein Vorläufer des Faschismus, Georges Sorel, erfunden hat. Sorel erkannte, daß die Massen nur durch ideologische Schulung revolutionär gewandelt werden könnten; er sah ein, daß man bei einer ideologischen Doktrin wirklich nicht von Wahrheit sprechen konnte. Ideologien seien gut erfundene Lügen, die aber nur dann wirkungsvoll seien, wenn sie allgemein für wahr gehalten würden. Solche Lügen nannte er „Mythen". Er sah in der frühchristlichen Epoche eine Parallele zu seiner Zeit und in der frühchristlichen Lehre einen solchen „Mythos"; so forderte er die Erfindung eines ähnlichen Mythos als notwendiges Element zur sozialen Revolution des 20. Jahrhunderts. Rosenbergs *„Mythos des 20. Jahrhunderts"* ist ein solcher Versuch, diesem Mangel abzuhelfen; Goebbels' Mythologie des Nationalsozialismus ist nur eine erfolgreichere revidierte Ausgabe dieser Theorie; dank ähnlicher Revisionen ist der Marxismus durch Stalin allmählich von einer Lehre, die ihr Begründer für richtig und wahr hielt, zu einem Zweckmythos umgeformt worden. Intellektuell besteht zwischen der Doktrin des Mythos und der Doktrin von der relativen Wahrheit kein Unterschied: sie ist lediglich eine nicht ganz so zynische Methode, die Anwendung nützlicher Lügen vorzuschreiben. Da sie weniger zynisch ist, erfüllt sie auch ihre Aufgabe, wirrköpfige Intellektuelle zu verführen, wesentlich besser.

Wenn meine Analyse der ideologischen Macht zutrifft, dann

steht fest, daß der Angriff auf die intellektuelle Freiheit nicht *nur* von den Intellektuellen zurückgeschlagen werden kann. Er geht von einer größeren Bewegung aus, deren Entwicklung durch Kräfte bedingt wird, die oft außerhalb des rein geistigen Machtbereichs stehen. Die Funktion der Intellektuellen ist begrenzt. Sie besteht im Denken. Aber wenn es uns gelingt, klar zu denken, können wir wenigstens die erbärmliche Sophistik aufzeigen, mit der die Propheten und Priester dieser und früherer Bewegungen Anhänger für ihre Unternehmungen um sich zu sammeln suchen. Und wenn der Fortbestand der Zivilisation auch – wie ich glaube – vom wirtschaftlichen Wohlstand abhängt, so ist doch wenigstens vorstellbar, daß die Klardenkenden unter den Intellektuellen durch die Aufforderung zur Kritik einen rationelleren Weg zur Prosperität finden als die Orthodoxie fanatischer Kreuzfahrer.

Arnulf Baring ist Professor für Zeitgeschichte und Internationale Beziehungen an der Freien Universität Berlin. Zahlreiche Buchpublikationen, zuletzt *Machtwechsel. Die Ära Brandt–Scheel,* 1982.

Luigi Barzini. Der italienische Publizist und Politiker Luigi Barzini war in den 50er Jahren Parlamentsmitglied der italienischen Liberalen in der Abgeordnetenkammer. Barzini ist Autor zahlreicher Bücher, zum Beispiel *The Italians* und *O, America!* In den letzten 25 Jahren hat er ständig im *Monat* publiziert.
Übersetzung: Wolfgang Rhiel

Max Beloff war viele Jahre Professor für Staatswissenschaft an der Oxford University und Gründungsdekan des neuen Buckingham College. Er hat etwa 15 Bücher geschrieben, unter anderem eine Analyse politischer Ideen des 17. Jahrhunderts, eine Geschichte des Britischen Empire und eine Untersuchung über Intellektuelle in der Politik. Heute hat er einen Sitz als Peer im House of Lords.
Übersetzung: Wolfgang Rhiel

Karl Dietrich Bracher, Professor für Politische Wissenschaften und Zeitgeschichte in Bonn, schrieb u. a. *Das deutsche Dilemma* (1971), *Geschichte und Gewalt* (1981) und im letzten Jahr *Zeit der Ideologien. Eine Geschichte politischen Denkens im 20. Jahrhundert.*

Daniel Koerfer, Historiker am Friedrich Meinecke-Institut der Freien Universität Berlin, veröffentlichte u. a. *Die F.D.P. in der Identitätskrise. Die Jahre 1966 bis 1969 im Spiegel der Zeitschrift ‚liberal‘,* Stuttgart 1981.

Melvin J. Lasky, Herausgeber von Encounter Magazine (London), Begründer und jetziger Mitherausgeber des *Monat.* Bücher: *Afrika for Beginners* (deutsch: Afrikanische Notizen, 1964); *The Hungarian Revolution* (deutsch 1957); *Utopia und Revolution.*

Günter Maschke, aktiv in der Studentenrevolte der 60er Jahre, 1968/69 politisches Asyl in Kuba, lebt heute als wissenschaftlicher Publizist in Frankfurt/Main. Im Heft 2/1979 des *Monat* brachten wir seine Kurzgeschichte *Magali.*

Kenneth Minogue ist Dozent für politische Philosophie an der London School of Economics. Veröffentlichungen u. a.: *Nationalism* (1967) und *The Concept of University* (1972).
Übersetzt von Stefan B. Polter

Michael Naumann, Mitherausgeber des *Monat,* langjähriger *Zeit*-Redakteur und zuletzt Amerika-Korrespondent der *Zeit* in Washington, wechselt demnächst zum *Spiegel* als Ressortleiter Ausland. Letzte Buchpublikationen: *Teheran. Eine Revolution wird hingerichtet* und *Das waren die 80er Jahre* (beide zus. mit J. Joffe).

Robert Nisbet ist einer der führenden amerikanischen Soziologen. Er hat an der University of California gelehrt und hatte an der Columbia University einen ‚Albert Schweizer chair in the humanities' inne.
Übersetzung: Wolfgang Rhiel

Jean-François Revel ist Chefredakteur der französischen Wochenzeitschrift *L'Express*. Veröffentlichungen u. a.: Eine zweibändige Geschichte der Philosophie des Abendlandes, eine Studie über Italien und der Essay *Weder Marx noch Jesus*.
Übersetzt von Klaus Schomburg

David Spitz war bis zu seinem Tod, der ihn vor kurzem ereilte, einer der führenden amerikanischen Verfechter eines ‚echten' Liberalismus. Er hat zahlreiche Bücher geschrieben.
Übersetzt von Wolfgang Rhiel

Erwin K. Scheuch, seit 1965 Ordinarius für Soziologie in Köln, ist Direktor des *Zentralarchivs für empirische Sozialforschung* und des *Instituts für angewandte Sozialforschung* (zus. mit R. Mayntz) in Köln; veröffentlichte zuletzt als Herausgeber *Soziologie der Freizeit und des Konsums* (zus. mit G. Scherhorn), *Historical Social Research* (zus. mit J. C. Clubb); Mitherausgeber verschiedener Schriftenreihen.

Arthur M. Schlesinger jr., Sohn des berühmten Historikers gleichen Namens, ist ebenfalls Historiker und Politiker. Über seine Zeit als White-House-Berater unter Kennedy hat er ein Buch geschrieben *(Die 1000 Tage)*. Ferner eine mehrbändige Biografie Franklin D. Roosevelts.
Übersetzung: Hellmut Jaesrich

Der englische Historiker **H. R. Trevor-Roper,** Fellow des Christ Church College in Oxford, hat seine glänzende methodische Schulung in den Dienst der Erforschung der zeitgenössischen Geschichte gestellt. Sein Buch *The Last Days of Hitler* ist das berühmteste Ergebnis seiner Ausbeute.

Günter Verheugen, geb. 1944, zweijähriges Zeitungsvolontariat, Studium der Politologie, Geschichte und Soziologie. Mitglied der F.D.P. seit 1960. 1964 bis 1968 Chefredakteur der Jungdemokraten-Zeitung *Stimmen der jungen Generation*, 1969 bis 1974 Referent für Öffentlichkeitsarbeit im Bundesministerium des Innern, 1974 bis 1977 Leiter des Arbeitsstabes *Analysen und Informationen* im Auswärtigen Amt. 1977 bis 1978 Bundesgeschäftsführer der F.D.P., 1978 bis Oktober 1982 Generalsekretär der F.D.P., seit Herbst Mitglied der SPD.

Hans Ulrich Wehler ist Professor für Neuere Geschichte an der Universität Bielefeld. Zahlreiche Veröffentlichungen zur Imperialismus- und Revolutionsforschung.